Cultivez l'autonomie

Créez votre jardin nourricier

Isabelle BRUNET

Cultivez l'autonomie : créez votre jardin nourricier

©2012-2014 – Katisa Editions

http://www.katisa-editions.com

ISBN-13: 978-1505694574
ISBN-10: 1505694574

Table des matières

INTRODUCTION 5

1ÈRE PARTIE : BIEN DÉBUTER 9

CHAPITRE 1 : LE TERRAIN 11

CHAPITRE 2 : QUE FAUT-IL ACHETER POUR BIEN DÉBUTER ? 19

CHAPITRE 4 : LE COMPOST 33

CHAPITRE 5 : LE DÉSHERBAGE 41

CHAPITRE 6 : L'ARROSAGE ET LA RÉCUPÉRATION DE L'EAU 47

CHAPITRE 7 : QUAND ET QUOI PLANTER ? 53

2ÈME PARTIE : EN COURS DE ROUTE 63

CHAPITRE 1: PRODUIRE SES GRAINES 65

CHAPITRE 2 : AUTRES FAÇONS DE MULTIPLIER LES PLANTES 69

CHAPITRE 3 : SERRE, CHÂSSIS, TUNNEL 77

CHAPITRE 4 : PURIN, DÉCOCTION, INFUSION, MACÉRATION 83

CHAPITRE 5 : MALADIES ET RAVAGEURS 89

CHAPITRE 6 : LES AUXILIAIRES DU JARDINIER 97

3ÈME PARTIE : CONSERVATION DES RÉCOLTES 105

CHAPITRE 2 : EN CAVE OU À LA MAISON 111

CHAPITRE 3 : CONGÉLATION 115

CHAPITRE 4 : SÉCHAGE ET DÉSHYDRATATION 119

CHAPITRE 6 : D'AUTRES TECHNIQUES 129

CONCLUSION 137

BIBLIOGRAPHIE 139

FILMOGRAPHIE 141

A PROPOS DE L'AUTEUR 142

Introduction

J'ai créé ce livre pour vous permettre tout d'abord de cultiver votre jardin et, à terme, de rechercher l'autonomie par la création, non plus d'un simple petit potager, mais d'un réel jardin nourricier.

Pourquoi est-ce important de cultiver son jardin ?

- pour votre santé : en cultivant votre jardin, vous savez ce que vous mangez. Vos fruits et vos légumes produits à la maison sans pesticides, ni engrais chimiques sont bios, ultra-frais et contiennent tous les minéraux et toutes les vitamines nécessaires à votre bonne santé.

- pour votre porte-monnaie : les fruits et légumes, surtout s'ils sont bios, ont un coût non négligeable. Alors qu'un sachet de graines, même bio, coûte peu cher.

- pour la Planète : le transport de vos produits du jardin jusqu'à votre table n'engendre pas de pollution. De plus, vos cultures attirent les insectes (coccinelles, papillons, abeilles et mêmes quelques « indésirables » comme les limaces) qui eux-mêmes attireront d'autres insectes, des oiseaux et de petits mammifères. Tout ce petit monde pourra se nourrir grâce à vous et votre jardin, tout en vous fournissant quantité d'aliments sains et cela vous permettra d'accueillir et de protéger la biodiversité.

« Nous encourageons les personnes à cultiver leur nourriture dans leur jardin, plutôt que d'acheter de la nourriture cultivée loin de chez eux. En outre, la nourriture biologique produite localement est toujours fraîche et saine. Son coût n'est pas grevé par le coût des transports ; son acheminement jusqu'à votre table ne nécessite pas de carburants fossiles précieux… et ne contribue pas à la pollution atmosphérique », Ross et Jenny Mars[1].

Un jardin nourricier autonome ne s'obtient pas en un jour, ni même la première année. Il se crée petit à petit.

Il faut savoir, en outre, composer avec les aléas climatiques, la présence des insectes ravageurs et autres petits ennuis. Certaines années vous obtiendrez suffisamment de récolte pour atteindre l'autonomie alors que d'autres années seront plus difficiles.

Le jardinage apprend ainsi à être philosophe et à relativiser.

---

[1] Premiers Pas en Permaculture, Ross et Jenny Mars, Editions « Passerelle Eco » 2012, p. 124

Pour que les choses se déroulent le mieux possible, je vais vous donner, dans la suite de cet ouvrage, les outils nécessaires pour devenir un bon jardinier.

Mon livre s'adresse surtout aux débutants, mais je suis certaine que même ceux qui ont déjà fait du jardin y trouveront des informations intéressantes. Comme on dit : on apprend chaque jour !

Moi-même, avec mes plus de 40 ans d'expérience du jardinage - dès l'âge de 3 ans, je suivais mon grand-père dans son jardin -, j'ai commis des erreurs pensant tout savoir, mais, au fil du temps et de mes expérimentations, j'ai appris à en commettre de moins en moins. Aujourd'hui, je peux dire que mon jardin (potager et verger) se porte de mieux en mieux.

C'est mon expérience que je mets à votre disposition, en espérant qu'elle vous servira à cultiver votre jardin nourricier et à atteindre, dans un temps très prochain, l'autonomie.

Vous aussi, vous pourrez manger des produits pas chers et sains, que vous aurez fait pousser de vos propres mains.

« *Si tu veux être heureux une heure, bois un verre ; Si tu veux être heureux un jour, marie-toi ; Si tu veux être heureux toute ta vie, fais-toi jardinier.* », Proverbe chinois

« *Pour faire un jardin, il faut un morceau de terre et l'éternité.* », Gilles Clément

Grâce à ce guide, vous saurez :

- comment bien débuter votre jardin nourricier

- comment vous comporter pour que « la pousse » se déroule le mieux possible

- comment conserver vos récoltes

Allez, à vous de jouer...

1ère Partie : Bien débuter

Tournesol de mon jardin

Si vous démarrez mal, vos récoltes ne seront pas bonnes !

Ne comptez pas sur la chance du débutant pour espérer avoir des tonnes de légumes ou de fruits. Un jardin nourricier ne s'improvise pas.

Dans cette partie, vous apprendrez à :

- bien choisir votre terrain

- acheter les bons outils de départ

- choisir les meilleurs fournisseurs

- faire votre compost

- désherber pour vous faire gagner du temps

- arroser et récupérer le plus d'eau possible

- planter les bonnes choses au bon moment

Chapitre 1 : Le terrain

Le terrain idéal n'existe pas. Ceux qui arrivent à obtenir totalement l'autonomie alimentaire se sont adaptés à leur terrain ou ils ont trouvé des astuces pour le modeler et le faire évoluer dans le sens qu'ils désiraient.

Il existe des solutions pour l'améliorer et surtout pour l'exploiter au maximum.

a) Quelle surface prévoir ?

Si vous désirez être autosuffisant, il vous faut compter 250 m² pour 4 personnes, au minimum.

Si vous pouvez doubler ou tripler la surface, ce serait l'idéal, surtout si vous êtes végétarien ou si simplement vous consommez beaucoup de végétaux.

Une surface de 500 à 750 m² vous permettra de planter des arbres fruitiers et/ou de petits arbustes fruitiers, de stocker l'eau, de stocker le bois et de faire du compost. En plus, si votre jardin est loin de votre maison, vous devrez y installer une remise pour ranger l'outillage ou faire un peu de place dans votre garage.

Là, je ne parle que de la surface idéale ! Bien évidemment, si vous n'avez qu'un petit bout de terrain, quel qu'il soit, c'est déjà très bien. Ne vous découragez pas, vous pourrez déjà y faire de nombreuses cultures.

Vous pouvez même commencer par quelques pots sur un balcon ou quelques sacs de culture sur une terrasse. Et, si le virus du jardinage vous contamine, il sera toujours temps de chercher un plus grand terrain. En cherchant bien, vous en trouverez certainement à louer contre de l'argent ou, ce qui est très à la mode actuellement et beaucoup plus convivial, contre une partie de la production. Il existe également des associations de jardins familiaux ou collectifs.

Vous pensez peut-être que ce sera difficile de trouver le terrain idéal, le terrain de vos rêves avec la meilleure terre ou le meilleur ensoleillement. Je ne le pense pas, à partir du moment où vous ne vous focalisez pas sur ces points !

Pour moi, un bon jardinier doit être capable de faire son jardin n'importe où. Que la terre ait le bon PH ou pas, que le sol soit argileux, sableux ou caillouteux, que le temps soit très sec ou très pluvieux, il y a toujours des plantes qui peuvent s'adapter.

Le jardinier doit connaître son terrain, apprendre à l'apprivoiser, lui apporter ce dont il a besoin et chercher les plantes qui pourront s'y plaire, croître harmonieusement et lui donner de bonnes récoltes.

b) Comment améliorer votre terre et ne pas perdre de place ?

Si votre terre est pauvre, une bonne dose de compost lui fera le plus grand bien. Je vous apprendrai, dans le Chapitre 4 de cette partie, à faire le meilleur compost possible.

Vous pouvez également choisir de cultiver sur une lasagne.

La lasagne est une accumulation de diverses couches de matériaux permettant de créer, au-dessus du sol pauvre, un sol de qualité.

Pour la réaliser :

- il vous faut du carton (brun ou gris, sans scotch) que vous poserez sur le sol

- il faut ajouter de la paille ou des brindilles ou des feuilles et bien arroser

- il faut ajouter du fumier (si vous en avez), de la tonte de gazon (en fine couche), des déchets de cuisine et arroser à nouveau. Si vous disposez de beaucoup de matières brunes (ex. paille) et vertes (ex. tonte), vous pouvez à nouveau remettre une couche de chaque, en n'oubliant pas d'arroser

- il faut finir par une bonne couche de compost bien décomposé, ou à la rigueur de terreau, s'il est de bonne qualité.

Attendez 4 à 5 jours, puis vous pourrez planter dedans (pas de semis la première année) en creusant directement dans la lasagne.

J'ai moi-même réalisé une lasagne. Vous trouverez mon reportage-photos ici :

http://ecolo-bio-nature.blogspot.fr/2011/02/les-lasagnes-cest-bon-pour-le-jardin.html

Vous pouvez également réaliser des carrés de culture.

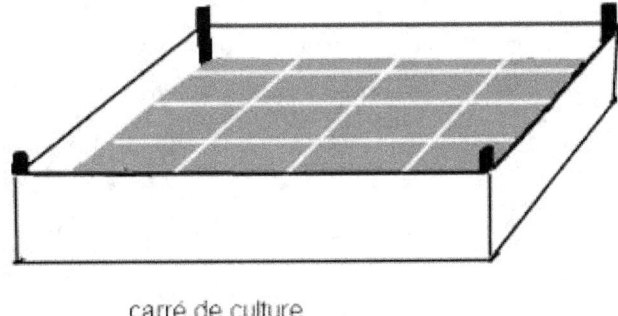

carré de culture

Cette technique vous sera utile si vous disposez d'une petite surface. Chaque carré permet de cultiver plus de variétés, en perdant moins de place. Vous pouvez mettre jusqu'à 16 variétés différentes dans un carré d'1 m 20 de côté.

Evidemment, si vous recherchez l'autonomie, il ne vous faudra pas moins de 12 carrés, ce qui représente quand même une belle surface (il ne faut pas oublier les allées entre les carrés). Mais, pour démarrer ou si vous n'avez pas beaucoup de place, les carrés sont une bonne solution.

L'un des autres avantages des carrés de culture est qu'ils vous évitent de trop vous baisser, un avantage non négligeable pour ceux qui souffrent de mal de dos. Plus ils sont hauts, moins vous aurez à vous baisser.

Le dernier avantage des carrés de culture est qu'il vous évite d'avoir trop de légumes d'une même variété. Lorsque l'on est jardinier débutant, on a souvent tendance à semer trop de graines d'une même variété. Quand les plantes poussent bien, on peut vite être submergé par un seul type de produit. On évite ce problème avec le carré de culture, puisqu'on ne sème qu'une petite quantité d'un même produit par case.

De plus, on peut plus facilement étaler les semis. On obtient ainsi juste ce qui est nécessaire pour nourrir la famille. Rapidement consommés, les légumes peuvent faire place à une autre variété de plantes. Le terrain est ainsi toujours occupé.

Les jardineries ou les grandes surfaces proposent des carrés de culture en kit. Ils sont beaux certes, mais ils coûtent très cher.

Pourquoi ne pas en construire vous-même avec des planches de récupération (non traitées) ou achetées à bas prix ?

Vous pouvez ainsi choisir la taille de vos carrés en fonction de vos planches. Des côtés d'1 m 20 de longs permettent de réaliser des carrés d'une taille idéale. La surface est optimisée si vous la divisez en 16 carrés de 30 cm de côté.

C'est ce que j'ai fait dans mon jardin : http://ecolo-bio-nature.blogspot.fr/2012/03/carre-de-culture-en-palettes.html

Vous pouvez également choisir une table de culture, des sortes de carrés de culture surélevés, mais de plus petites tailles. Elle permet de jardiner debout ou assis dans un fauteuil, un mode de culture idéal pour les personnes âgées ou handicapées.

J'ai moi-même fabriqué un genre de table de culture pour cultiver des salades :

http://ecolo-bio-nature.blogspot.fr/2012/07/construction-dune-table-de-culture-en.html

La culture dans des sacs ou des pots est également possible.

Le grand défaut de ces divers contenants, c'est leur taille. Ne vous attendez pas à récolter une grosse production. Ils s'assèchent également vite et sont donc gourmands en eau.

Voilà, vous avez votre terrain, vous avez choisi votre mode de culture, il vous reste à choisir les outils nécessaires pour bien débuter.

Chapitre 2 : Que faut-il acheter pour bien débuter ?

Ce n'est pas la rentrée des classes, mais presque. Au jardin, comme à l'école ou au travail, il vous faut du matériel et des fournitures pour bien jardiner.

Il vous faut, pour commencer :

a) De bons outils

Le choix des outils a une grande importance. Les bons outils sont primordiaux pour bien commencer.

Au départ, pas la peine d'acheter des dizaines d'outils, quelques-uns, bien choisis vous permettront de bien démarrer. Il sera temps, par la suite, petit à petit, d'en ajouter d'autres.

Voici une liste de quelques outils bien utiles :

- une fourche bêche : non pas pour retourner la terre, mais juste pour l'aérer ou une Grelinette (genre de fourche à 2 branches et 3 à 5 longues dents, inventée par M. Grelin, permettant d'ameublir la terre sans la retourner) si vos moyens vous le permettent

- un râteau : pour enlever les cailloux, étaler et rendre la terre plus fine

- un croc : pour émietter la terre, griffer en surface, étaler le BRF (je vous en reparlerai plus tard)

- une binette : pour désherber et creuser vos rangées

- des bacs de semis : vous pouvez utiliser des bacs en plastique ou en polystyrène de récupération

- un plantoir : un manche de bêche cassé et « taillé » en pointe peut faire l'affaire

- un transplantoir : sorte de petite pelle vous permettant de repiquer vos plants
- un cordeau si vous semez en ligne : vous pouvez le fabriquer en prenant 2 morceaux de branches droites et une corde (une vieille corde à sauter peut également faire l'affaire)

- un sécateur : de bonne qualité. Il durera longtemps

- une pelote de ficelle et une paire de ciseaux : pour lier vos pieds de tomate, par exemple

- un couteau : pour récolter vos choux, salades, etc.

- un panier : pour ramasser vos récoltes

- un seau solide : pour transporter, par exemple, de la terre, du compost, ou du BRF

- une bêche : pour creuser les trous de plantation de vos arbres et arbustes, mais également pour transférer le compost ou la terre dans votre seau ou votre brouette

- une brouette : uniquement si la surface de votre terrain est importante ou si vous avez de grosses quantités de matières (terre, compost) à déplacer

- un pulvérisateur : pour les purins et autres macérations, infusions et décoctions (je vous renvoie aux Chapitres 4 et 5 de la 2ème Partie). Au départ, pas la peine d'investir dans du gros matériel. Un simple pulvérisateur pour plantes d'intérieures, acheté 1 ou 2 euros dans une solderie ou autre « foire à tout », fera l'affaire

Après avoir fait votre choix dans ces premiers outils, qui ne sont pas tous obligatoires pour jardiner, passons maintenant au matériel indispensable.

b) Un arrosoir

Un outil indispensable est un (ou plusieurs) arrosoir, muni d'une pomme. Cela vous permettra d'arroser vos semis et vos plantations, sans les noyer.

Pourquoi arroser avec un arrosoir et non pas avec un tuyau d'arrosage ?

Tout d'abord, parce que si vous récupérez l'eau dans des cuves, il vous faudrait une pompe pour utiliser le tuyau et cet achat me paraît superflu au début. Mais surtout, parce qu'un tuyau d'arrosage a souvent un jet trop puissant qui va plaquer la terre et la compacter et même, parfois, déterrer vos graines ou vos plants que vous venez de repiquer.

En parlant de pomme d'arrosage, cela me rappelle une anecdote assez amusante.

Lors de ma formation de « Guide Composteur », une des participantes avait toujours vécu en ville et ne connaissait rien au jardinage. Le professeur d'horticulture du Lycée Agricole de Raismes qui nous formait nous précisa, dans son cours, que l'on devait, lors du démarrage du tas de compost, l'arroser avec un arrosoir muni d'une pomme. Cette élève demanda où on devait mettre la pomme. Evidemment, le professeur lui indiqua qu'il fallait la placer au bout du bec de l'arrosoir. Mais, elle ne comprenait vraiment pas comment cela pouvait fonctionner. En fait, le professeur s'est aperçu que pour elle, « la pomme » renvoyait au fruit. Elle n'avait jamais vu une pomme d'arrosage et ne connaissait donc pas le terme ni l'objet.

Comme quoi, en jardinage comme dans toute autre activité, si on ne connaît pas les termes « techniques », on risque vite d'être bloqué.

arrosoir avec pomme

c) Des graines

Nous en reparlerons dans le chapitre suivant, mais sachez déjà que bien choisir ses graines est important.

Au départ, pas la peine d'acheter tout le catalogue, quelques variétés faciles, voire inratables (listées dans le Chapitre 7), vous permettront d'apprécier les produits du jardin. Petit à petit, cela vous donnera envie d'en essayer d'autres.

Bien entendu, par la suite, puisque vous recherchez l'autonomie, il vous faudra sélectionner des variétés précoces, poussant au printemps, des variétés tardives poussant en automne et des variétés très productives pour vous nourrir pendant la saison et vous permettre de faire des réserves pour l'hiver.

d) Des gants

Ils sont indispensables pour votre sécurité.

- ils vous protégeront contre tout risque de piqûres, griffures, coupures, qui peuvent vous inoculer le tétanos

- ils vous éviteront d'avoir des épines ou des échardes

- ils vous aideront à garder les mains et les ongles propres. Des mains pleines de terre bien collante ou de « vert » d'herbe ou de légumes sont difficiles à nettoyer, même avec une brosse. Aller au travail ou à une réception importante avec des ongles terreux ou vert-marron serait plutôt malvenu.

e) Une tenue

Elle doit être pratique et confortable, incluant un chapeau (pour le soleil) et des chaussures. Ces dernières doivent être confortables, un peu comme des pantoufles puisque vous risquez d'être longtemps debout. Elles doivent aussi être étanches. Le matin, si vous marchez dans votre jardin alors que la rosée est encore présente, vous aurez vite les pieds mouillés si vos chaussures sont en toile. Et travailler avec les pieds mouillés, c'est le meilleur moyen d'attraper un rhume.

Prévoyez, si possible, 2 tenues :

- une tenue chaude, épaisse et solide pour les jours froids et lorsqu'il y a des travaux demandant une protection renforcée

- une tenue plus légère pour l'été

Personnellement, j'ai opté pour un pantalon d'ouvrier en matière épaisse et solide. J'ai eu de la chance : je l'ai trouvé dans une solderie, donc à un prix modique.

la bonne tenue

Maintenant que vous savez quoi acheter, je vais vous indiquer où acheter.

Chapitre 3 : Où acheter ?

Au fil des années et de mes diverses expérimentations, j'ai trouvé les meilleurs endroits pour se procurer les graines et les outils.

a) Les graines

Préférez les graines bios. Cela paraît plus cher à l'achat, mais comme, par la suite, vous pouvez faire vos graines vous-même (comme je vais vous l'indiquer dans le Chapitre 1 de la 2ème Partie), c'est finalement plus économique.

Lorsque vous achetez vos graines venant d'un semencier, ce sont souvent des graines F1, c'est-à-dire des variétés issues de croisements de plantes choisies pour leur caractère intéressant. Les semenciers mettent en avant le fait que le goût, la taille et la couleur des plantes seront identiques. Donc, vous n'aurez aucune mauvaise surprise.

Pour moi, une telle homogénéité m'importe peu. Ce qui me déplaît essentiellement dans les graines F1, c'est qu'il est impossible d'en faire vos propres graines. Celles-ci ne poussant pas ou n'étant pas stables génétiquement, c'est à dire faisant ressortir plutôt les caractéristiques d'un des parents, par exemple, tous les ans, vous serez obligé d'acheter vos petits paquets, ce qui fera le grand bonheur des semenciers « industriels ».

Avec les graines bios, vous aurez plus de choix et plus de variétés anciennes. Les plants seront plus faciles à cultiver et adaptés à votre terroir. D'accord, vos récoltes ne seront peut-être pas identiques d'année en année en quantité et qualité, la taille et la grosseur de vos produits ne seront peut-être pas uniformes, mais ils auront du goût.

Je vous recommande donc de vous fournir auprès de :

- Kokopelli

- Le Biau Germe

- La ferme Ste Marthe

- Magellan bio

Attention ! Si vous mettez le doigt dans l'engrenage, gare à vous !

Vous serez de plus en plus curieux, vous aurez envie, chaque année, d'essayer de plus en plus de nouvelles variétés et votre jardin risque fort de devoir s'agrandir très vite.

Vous risquez également de privilégier les variétés moins connues, plus exotiques et d'oublier votre objectif premier qui est d'avoir un bon rendement afin de viser l'autonomie.

Une fois les graines achetées, où pouvez-vous vous procurer vos outils ?

b) L'outillage

Les outils bon marché coûtent souvent plus cher en fin de compte, car ils ne sont pas solides et cassent facilement.

Si vous ne pouvez pas ou ne voulez pas payer cher pour des outils de qualité, il existe des solutions.

Vous pouvez vous rendre sur des marchés aux puces ou vides greniers, il y a souvent de l'outillage à vendre. Sur internet, de nombreux sites de petites annonces vous permettront également de trouver de l'outillage. Attention à bien vérifier que les outils ne sont pas cassés ou ressoudés.

Vous pouvez également visiter les greniers des personnes âgées de votre famille pour y découvrir des outils anciens. Ce sont souvent des outils très solides et inusables. Vous ferez plaisir à la personne âgée qui verra ainsi revivre ses outils et vous aurez entre les mains un matériel de très grande qualité.

Mon grand-père prenait grand soin de ses outils. J'ai la chance d'avoir pu en récupérer quelques-uns. De là vient certainement ma passion pour les outils anciens, je trouve qu'ils ont une âme. Je prends plaisir à les regarder et à imaginer leurs histoires.

Il ne lui serait jamais venu à l'esprit de les laisser dans le jardin ou de les ranger sans les nettoyer. L'hiver, il huilait les fers avec de l'huile de vidange usagée, frottait les manches avec un papier de verre très fin puis avec un chiffon imbibé d'huile de lin.

Je vous recommande de faire la même chose, ainsi vous les conserverez en bon état plus longtemps.

Si vous voulez gagner du temps, au quotidien, vous pouvez simplement utiliser un bac de sable dans lequel vous aurez versé de l'huile de vidange usagée.

Après chaque utilisation, enlevez le plus gros de la terre collant à votre outil et plantez-le dans le sable. Les grains de sable nettoieront les restes de terre et l'huile le protégera.

Un bon terrain, de bons outils, des graines, il vous reste encore à fabriquer votre compost pour avoir de beaux légumes.

Chapitre 4 : Le compost

Le compost est indispensable pour avoir un beau jardin. A force d'être cultivé, le sol s'appauvrit. Avec un bon compost, vous allez le régénérer et le « nourrir ».

a) Qu'est-ce que le compost ?

Le compost est un humus, une matière végétale naturelle brunâtre foncé, très fertile, à l'odeur de sous-bois.

Il est issu de la décomposition des matières organiques des déchets de cuisine et de jardin, sous l'action de petits organismes vivants (vers, cloportes, bactéries, champignons, collemboles, etc.).

b) Pourquoi composter ?

Le compost est destiné à enrichir les sols de manière durable et efficace et à en améliorer la structure.

Il permet également d'alléger les poubelles de 40 à 50 % de leur contenu, ce qui représente 40 kg par personne et par an (source : ADEME).

Il permet d'obtenir un fertilisant gratuit pour vos plantes, pelouses et potager.

c) Comment obtenir un bon compost ?

Pour réussir un bon compost, il faut :

- des déchets carbonés : matières brunes dures et sèches, comme, par exemple, les feuilles, le broyat de branchages, la paille, le carton, le papier essuie-tout, les mouchoirs en papier, etc.

- des déchets azotés : matières vertes, molles et humides, comme, par exemple, de la tonte de gazon, les épluchures de fruits et légumes, le marc de café et les sachets de thé, etc.

- de l'eau : le compost doit rester humide (environ 60 % d'humidité) pour que la décomposition des matières organiques se réalise correctement.

- de l'air : les organismes vivants servant à la décomposition ont besoin, comme tout être vivant, d'oxygène pour être en bonne santé et bien « travailler ». Le manque d'oxygène ralentit le processus et provoque de la fermentation et l'émanation de mauvaises odeurs.

Vous devez apporter la même quantité de matière carbonée et de matière azotée à chaque fois et bien mélanger. Pensez également à aérer votre compost en faisant des trous avec une tige aératrice (ou une barre de fer ou un vieux manche d'outil ou même une tarière ou un vieux ressort de suspension de voiture), une fois par semaine.

d) Quels sont les types de composteurs ?

Plusieurs types de composteurs existent :

- **le composteur plastique** : avant de vous ruer dans une jardinerie pour acheter un composteur plastique, voyez au niveau communal ou intercommunal s'il n'y a pas d'aide financière prévue ou la possibilité d'avoir un composteur gratuit ou à un tarif très attractif.

Avec ce type de composteur, il vous faut absolument aérer chaque mois et bien mélanger à chaque apport de matières. Pensez également à refermer le couvercle pour conserver la chaleur à l'intérieur et faciliter la décomposition.

Videz-le une fois par an et remettez à l'intérieur les parties non compostées.

- **le 1 bac palettes ou le 3 bacs palettes** avec carton : vous pouvez également construire votre composteur avec des palettes. Vous avez le choix de fabriquer un seul silo si vous ne disposez que de 4 palettes ou de peu de place. Dans ce cas, vous l'utiliserez de la même façon que le composteur plastique.

Mais, si vous pouvez vous procurer une dizaine de palettes, l'idéal est de fabriquer un silo composé de 3 cellules. Cela vous permet d'utiliser 2 cellules pour le compostage (une pour le compost déjà mûr et une pour le compost en train de se faire) et une pour la réserve de matières sèches.

L'aération et le mélange se font plus facilement puisqu'une fois la première cellule pleine, vous transvaserez son contenu dans la deuxième, puis recommencerez à composter dans la première.

Si l'écartement des lattes de vos palettes est important, vous pouvez ajouter des cartons tout autour. Cela évitera le dessèchement en été et limitera le refroidissement en hiver. Pour que vos palettes ne pourrissent pas trop vite, vous pouvez les badigeonner avec de l'huile de lin.

3 bacs

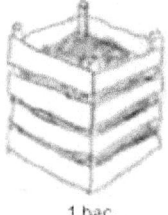

1 bac

- **le tas** : cette technique peut paraître plus simple au premier abord, mais en réalité, pour que le compostage fonctionne correctement, elle demande un certain nombre de paramètres. Il faut que votre tas soit à l'ombre et à l'abri du vent. Il doit reposer sur un lit de branchages (pour l'aération) et mesurer au minimum 1,5 m de large et 80 cm de haut (la longueur importe peu) pour une bonne élévation de température. Il vous faut donc une bonne quantité de matières pour pouvoir le réaliser.

Il faut penser à le recouvrir à l'automne de branchages, de cartons ou d'une bâche et le retourner au bout de 8 à 10 mois en incorporant les anciennes parties extérieures au milieu du nouveau tas.

e) Le lombricomposteur

Si la place vous manque, vous pouvez installer un lombricomposteur dans votre maison, une sorte de mini-composteur d'intérieur.

N'ayez pas peur, les vers resteront sagement dans leur composteur. Ils n'aiment pas la lumière. Ils ne seront jamais trop nombreux, car ils régulent eux-mêmes le nombre d'individus nécessaires. Bon, si vous ne les nourrissez pas suffisamment, ils risquent de s'échapper pour trouver de la nourriture.

Ils ne vont quand même pas se laisser mourir de faim...

Le lombricompost ne sent pas, s'il est bien fait. Il a une légère odeur d'humus. S'il sent, c'est qu'il y a trop d'azote (dû aux fruits, par exemple). Dans ce cas-là, arrêtez d'y mettre des déchets, remuez et attendez que l'odeur disparaisse pour renourrir vos vers.

Vous pouvez installer le lombricomposteur n'importe où chez vous, même dans la cuisine, à condition que la température soit constante, entre 15 et 25°.

L'endroit doit être calme, les vers aiment la tranquillité.

Pour réussir votre lombricompost, il vous faut :

- un lombricomposteur acheté ou mieux fabriqué par vous-même : vous pouvez le réaliser avec des boîtes de rangements emboîtables en plastique ou des bacs de polystyrène. Il vous faut au minimum 3 bacs dont 2 dont le fond est percé de multiples petits trous et un couvercle. Les vers vont dans le premier (après avoir recouvert le fond percé d'une litière faite de morceaux de journaux et de morceaux de cartons). Le lombricompost sera récolté dans le deuxième et le troisième (non percé) permettra de récupérer le jus de compost. Ce jus, appelé également « thé de compost », est un excellent fertilisant.

- des vers : Attention, ne prenez pas n'importe quels vers. Il vous faut des vers de compost (Eisenia foetida) et non des vers de terre (Lumbricus terrestris). Les vers à compost sont rouges, se trouvent facilement dans les fumiers ou sous des matières en décomposition. Demandez à un ami qui a un composteur de vous en donner une poignée ou achetez-en, sur internet ou dans un magasin de pêche.

- de la nourriture : la même que celle que vous mettez dans votre composteur classique, mais coupé en petits morceaux

Un bon compost est indispensable à un bon jardinier. Le composteur ne sert pas uniquement à se débarrasser de la tonte de votre pelouse. Si vous n'y mettez que de l'herbe, c'est-à-dire de la matière humide, vous n'obtiendrez jamais du compost, mais un tas informe, collant, gluant et puant.

Si vous voulez que votre jardin ait un bon rendement et continue, d'année en année, de produire de quoi vous nourrir, vous devez absolument faire votre compost.

Certes, vous pouvez acheter du terreau en jardinerie, si vous en avez les moyens ! Un bon terreau, riche et bio, coûte excessivement cher. Alors qu'il vous suffit d'un composteur, même fabriqué maison, de déchets (bruns et verts) que tout le monde a chez soi, et le tour est joué !

En nourrissant votre jardin avec bon compost, il vous le rendra au centuple !

Les légumes pousseront à merveille... mais aussi les mauvaises herbes ! Beurk !

Rassurez-vous, je vais vous donner immédiatement des astuces pour ne pas trop subir la corvée du désherbage.

Chapitre 5 : Le désherbage

Il faut que je vous avoue quelque chose : je ne suis pas une fana du désherbage.

Il y a longtemps que j'ai compris que la présence de la moindre petite herbe n'empêchait pas mes légumes de pousser. De plus, certaines herbes étant bonnes pour se soigner ou pour la cuisine, je leur laisse volontiers un peu de place afin de pouvoir les récolter, comme, par exemple, les orties, la prêle, les pissenlits, le mouron blanc, etc.

Toutefois, je ne laisse pas mon potager être envahi. Je passe régulièrement.

J'élimine les plus grosses mauvaises herbes. J'enlève les petites uniquement si elles empêchent mes semis de lever. Cela prend du temps, mais un seul passage suffit.

Et, en prévention, j'utilise la technique du paillage.

Un bon paillage de quelques centimètres et les herbes ne peuvent plus pousser. C'est simple et efficace. En cas de forte chaleur, l'évaporation sera réduite, votre terre conservera plus longtemps son humidité. En plus, cette « couverture » permettra à de nombreux micro-organismes, bénéfiques pour votre jardin, de se développer. Enfin, le paillage se décomposera et nourrira votre sol. Que demander de plus ?

Quel paillage utiliser ?

Vous pouvez choisir un paillage décoratif, comme les paillettes de lin ou de chanvre, des écorces de pin ou des cosses de cacao, mais en général il est assez onéreux. En plus, les écorces de pin ont tendance, à la longue, à acidifier la terre.

Voici quelques techniques plus économiques que j'utilise dans mon propre jardin.

a) Carton, journaux

N'utilisez que du carton sans impressions, dessins ou couleurs et du journal en noir et blanc, car les encres de couleurs contiennent des produits chimiques toxiques.

Un petit inconvénient, les escargots et les limaces adorent venir s'installer dessous, donc à éviter autour des plantes leur servant de repas (salades, fraisiers, hostas, etc.). A éviter également dans les endroits fortement ventés, car ils risquent de s'envoler.

b) Tapis ou sacs en toile de jute

Ce sont les bons vieux sacs à patates.

Ils doivent être suffisamment épais pour ne pas laisser filtrer la lumière, mais pas trop, car ils doivent laisser passer l'eau et l'air. Evidemment, comme ce paillage ne se décompose pas, il n'apportera aucun nutriment à votre terre.

c) La paille

Son utilisation est facile, mais attention à bien vérifier sa provenance.

N'oubliez pas que les champs de blé sont souvent traités avec quantité de produits, donc à éviter au potager ou autour des arbres fruitiers si la paille n'est pas bio.

d) Feuilles, gazon, mauvaises herbes

Attention à ne pas mettre de feuilles atteintes de maladies, et prévoyez une couche de 5 à 10 cm. Pour éviter que les tas de feuilles forment de grandes plaques avec la pluie et qu'elles aient du mal à se décomposer par la suite, il vaut mieux les broyer avant de les utiliser en paillage.

Pensez à mettre du gazon bien sec et en couche d'une hauteur maximale de 5 à 10 cm. S'il est trop humide lors de son installation, il risque de moisir et de contaminer vos plantations.

Les mauvaises herbes qui ont été arrachées, à condition qu'elles ne soient pas en graines, peuvent aussi servir de paillage.

e) Le BRF (Bois Raméal Fragmenté)

Cette technique permet d'utiliser, sous forme de broyat, le tas de branchages et de feuilles que l'on obtient lorsque l'on taille ses végétaux.

Le BRF est vraiment de « l'or vert », mais il faut disposer d'un appareil performant pour broyer les branches.

Certaines communes (par exemple, par le biais du syndicat intercommunal de collecte et de traitement des ordures ménagères) ont eu la bonne idée d'investir dans du matériel professionnel et de proposer à leurs habitants gratuitement ou contre une participation modique de venir à domicile (ou de passer dans les quartiers) pour broyer les végétaux. Renseignez-vous. Sinon, il est également possible de louer des broyeurs corrects auprès de sociétés spécialisées.

Certains appareils du commerce peuvent faire l'affaire pour les petits jardins. Mais, évitez les appareils à petit prix, d'entrée de gamme, dont la puissance est inférieure à 2000 Watts. Et surtout, ne prenez pas des broyeurs à couteaux, les lames s'usent très vite. Préférez un broyeur à rotor. Si vous avez des voisins sympathiques, rien ne vous empêche d'en acheter un performant à plusieurs. Le broyeur ne s'utilise qu'occasionnellement dans l'année...

Attention, cela a l'air facile de broyer, mais méfiez-vous des retours de branches qui vous donneront des gifles dans la figure, assez douloureuses.

Soyez concentré quand vous utilisez votre broyeur, afin d'éviter d'y laisser vos mains. Munissez-vous toujours de gants.

Comme vous le voyez, le désherbage n'est pas si insurmontable que cela. Il suffit de prévenir la poussée des mauvaises herbes ou même d'en laisser quelques-unes qui vous feront des plats savoureux à déguster.

Sans une bonne nourriture, les plantes ne poussent pas. Certaines pousseront d'ailleurs plus que vous ne le souhaitez, comme les « mauvaises » herbes.

L'autre élément indispensable pour qu'une plante pousse bien est l'eau. Voici quelques astuces pour bien arroser et pour vous éviter de prendre l'eau du robinet, qui coûte cher.

Chapitre 6 : L'arrosage et la récupération de l'eau

L'eau est une denrée précieuse qu'il convient de ne pas gaspiller. Mais, le jardin est un grand consommateur d'eau. Vous pouvez résoudre ce problème en optimisant l'arrosage et en récupérant l'eau de pluie.

a) L'arrosage

Avant d'arroser, vérifiez bien que vos plantes en ont besoin. Certaines plantes sont plus gourmandes en eau que d'autres. C'est le cas, par exemple, du maïs qui est très gourmand, alors que les plantes aromatiques réclament peu d'eau.

Arrosez le soir pour éviter l'évaporation et ciblez le pied de la plante. Arrosez moins souvent, mais copieusement à chaque fois.

Vous pouvez installer un système de goutte-à-goutte (par goutteur ou par tuyau micro poreux). Ce type de système permet d'arroser directement au pied de la plante qui, ainsi, conserve toute l'eau pour lui. Il n'y a aucun

47

gaspillage d'eau, puisque celle-ci ne s'évapore plus ou ne s'infiltre plus dans la terre inutilement.

Vous connaissez certainement le dicton « 1 binage vaut 2 arrosages ». Biner votre terre, si elle reste à nue permettra de casser la croûte dure, de l'aérer et ainsi de limiter l'évaporation. C'est ce que faisaient nos anciens.

Mais, aujourd'hui, il est plutôt recommandé de ne pas laisser la terre à nue.

Il est préférable de la pailler. En la recouvrant d'une fine couverture de matière végétale, l'évaporation sera réduite et votre terre conservera plus longtemps son humidité. Ainsi, vous pourrez espacer vos arrosages. En outre, en choisissant bien le type de paillage, celui-ci aura également une action fertilisante, comme je l'ai indiqué précédemment.

Pour limiter vos arrosages, choisissez plutôt des plantes peu gourmandes en eau et adaptées à votre région. Par exemple, ne cultivez pas de maïs dans le midi.

b) La récupération de l'eau

L'eau qui « tombe du ciel » est gratuite ! Autant la récupérer pour l'arrosage de votre jardin.

Vous pouvez également récupérer l'eau servant à laver vos légumes pour vos arrosages. Parfois, même l'eau de vaisselle, de bain ou de douche, est réutilisable, à condition de n'utiliser que des produits de lavage 100 % bios. Cela demande juste une organisation plus grande pour la vidange et la récupération des eaux usées. Ici, je n'aborderais que la récupération des eaux pluviales.

Le jardin étant un grand consommateur d'eau, par ce simple geste de récupérer l'eau, vous ferez des économies, tout en respectant la nature.

En cas de période de sécheresse, vous pourrez puiser dans vos réserves sans risque d'assécher les nappes phréatiques ou les cours d'eau.

De plus, l'eau de pluie ne contient pas de chlore, néfaste pour les plantes.

Dans quoi récupérer les eaux pluviales ?

- les petits contenants : de nombreux contenants peuvent vous permettre de récupérer l'eau lorsqu'il pleut, comme, par exemple, des seaux, des arrosoirs, des bassines et même pourquoi pas une baignoire ancienne en fonte. Ils peuvent aussi devenir des éléments de décor. Mais la surface de récupération étant petite, la quantité d'eau ainsi récupérée est assez faible.

- les récupérateurs, à installer sur les collecteurs de gouttière. C'est le meilleur système puisqu'il permet de récupérer l'eau s'écoulant sur une grande surface, comme les toitures. L'eau est ensuite dirigée vers une cuve hors sol. La quantité d'eau récoltée est donc beaucoup plus importante. Elle peut, par exemple, représenter environ 50 m3 par an si vous disposez d'une toiture de 100 m² (et plus même si, comme moi, vous habitez une région très pluvieuse). C'est un système pratique, facile à installer et en général peu cher.

N'oubliez pas, lors de l'installation de votre cuve de la surélever et de l'équiper, dans le bas, d'un robinet. Ainsi, vous pourrez remplir votre arrosoir directement.

Vous n'êtes pas obligé de choisir une cuve verte (entre 300 et 600 litres en général) ou la cuve grillagée de 1 000 litres qui sont des modèles pratiques, mais peu esthétiques. Avec l'augmentation de la demande, les fabricants rivalisent d'imagination et les cuves deviennent des objets de décoration.

- la citerne enterrée : d'une grande capacité, mais nécessitant de gros travaux, la citerne demande un investissement important. Il faut donc d'abord se demander si elle sera rentable et ne pas oublier dans le calcul, le coût de son entretien. Il faudra également lui adjoindre une pompe immergée. De plus, pour rentabiliser le coût de l'installation, une utilisation à l'intérieur de la maison s'imposera certainement (uniquement pour la chasse d'eau des toilettes, le lave-linge ou le lavage des sols). Dans ce cas, il faudra respecter une réglementation très stricte pour ne pas dire très contraignante[2]. Celle-ci vous oblige, par exemple, à installer des pictogrammes « eau non potable », à tenir un carnet sanitaire, à entretenir et vérifier les équipements, à financer le coût du contrôle de ces installations par les agents du service des eaux.

Vous avez la terre et les outils. Vous savez comment faire un bon compost, comment éviter le désherbage et comment récupérer l'eau de pluie.

Vous avez tous les outils en main pour commencer à cultiver votre jardin nourricier.

---

[2] Pour plus d'infos, voir l'arrêté du 21 août 2008 relatif à la récupération des eaux de pluie et à leur usage à l'intérieur et à l'extérieur des bâtiments du Ministère de l'Ecologie, de l'Energie, du Développement Durable et de l'Aménagement du Territoire.

Il ne vous reste plus qu'à savoir quand et quoi planter.

Chapitre 7 : Quand et quoi planter ?

Vous ne pouvez pas planter tout et n'importe quoi dans votre jardin. Si vous voulez atteindre un rendement satisfaisant, vous devez faire attention aux saisons et choisir les plantes les mieux adaptées.

a) Quand planter ?

Quel que soit ce que vous choisissez de planter ou de semer, il vous faudra respecter un impératif : suivre les saisons !

En semant de la mâche au mois d'avril ou des radis au mois d'août, vous risquez d'être très déçu du résultat, alors que l'inverse sera parfait !

Les besoins en lumière, chaleur, humidité sont différents pour chaque plante, donc respectez les indications inscrites sur les paquets et vous obtiendrez de bonnes récoltes. Si vous voulez faire des tests en semant à des dates différentes, faites-le, mais sur une petite quantité et surtout seulement après avoir semé dans les délais indiqués, les plantes qui assureront votre subsistance. Si les tests ne réussissent pas, vous ne serez pas trop déçu et votre objectif d'autonomie ne sera pas remis en cause.

Sur un agenda ou un calendrier, notez les dates auxquelles vous devez réaliser vos semis et/ou plantations afin de ne rien oublier et de bien jardiner « en temps et en heure ».

Et n'oubliez pas qu'entre la plantation et la récolte, les délais varient énormément d'une plante à l'autre. Il vous faudra donc penser également au temps d'occupation du sol des différentes espèces.

Un chou ayant besoin de plus de place pour se développer qu'une carotte, la surface dévolue à chaque plante est également un paramètre à prendre en compte.

Prévoyez aussi un plan de votre jardin sur lequel noter les différentes variétés semées ou plantées afin de ne pas remettre la même chose (ou une plante de la même espèce) au même endroit l'année suivante. En pratiquant ainsi la rotation des cultures, vous éviterez l'appauvrissement de votre sol et limiterez le développement de maladies.

b) Quoi planter ?

Puisque le but de votre jardin est de nourrir en partie votre famille, il vous faut donc des plantes non seulement inratables puisque vous débutez, mais également ayant un bon rendement.

Quel que soit ce que vous allez planter ou semer, le secret c'est de jardiner diversifié !

Et cela, pour différentes raisons :

- Pour la beauté : rien de plus monotone qu'un jardin ne comportant qu'une ou 2 espèces de plantes. Alors que la vue d'un jardin rempli de couleurs et de formes variées réjouit l'œil !

- Pour palier aux aléas : quels que soient le temps, les maladies ou les prédateurs, certaines plantes pousseront mieux que d'autres, ou seront moins sensibles certaines années aux maladies. Toutes n'attirent pas les mêmes prédateurs. Bref, cette diversité vous donnera de nombreuses petites récoltes qui combleront et remplaceront celles inexistantes.

- Pour le goût : quoi de plus rébarbatif que de manger toujours les mêmes produits, même s'ils sont cuisinés différemment. Avec plus de variétés, vous récolterez plus de produits différents, pour une palette de goût presque infinie.

- Pour une meilleure pollinisation : les insectes pollinisateurs aiment, comme vous, varier les plaisirs. Plus de variétés les attireront immanquablement.

c) Petite liste non exhaustive

- Les Légumes :

Pour commencer, voici une liste de légumes faciles à réussir : radis, betteraves, haricots verts, petits pois, fèves, salades, choux (frisé, rouge, brocoli), courgettes, courges, blettes ou panais.

Si vous avez de la place, vous pouvez ajouter : maïs, tournesols, pommes de terre ou topinambours.

Vous n'obtiendrez pas des choux de 45 kilos, des feuilles de blettes d'un mètre et demi ou des pieds de maïs de 5 mètres de haut, comme José Carmen, cet agriculteur mexicain qui parle avec les plantes, mais votre récolte devrait être tout de même suffisante pour attraper le virus du jardinage et vous donner envie de continuer.

Si vous résidez dans une région ensoleillée, vous pourrez facilement produire des tomates, aubergines, poivrons, concombres et même des melons. Ces plantes sont cultivables également dans les régions moins ensoleillées, mais les résultats sont rarement à la hauteur des espérances.

Certains légumes peuvent sembler faciles à cultiver, mais, en fait, ils sont un peu plus délicats, car plus sujets aux maladies ou subissent souvent des attaques d'insectes comme, par exemple, les carottes, navets, oignons, poireaux ou tomates.

- Les Légumes perpétuels : ce sont des légumes vivaces et rustiques qui restent en place ou qui se ressèment très facilement. Une fois plantés et bien installés, ils seront présents toute l'année ou réapparaîtront chaque printemps.

Ex.: chou de Daubenton, poireau perpétuel, oseille-épinard, oignon rocambole, ail des ours, chénopode Bon-Henry, crambe maritime ou cive de St Jacques...

On mange les feuilles qui repoussent et pour l'oignon rocambole, on mange également le petit bulbille qui se forme en haut de la tige.

- Les aromatiques : ciboulette, ciboule, thym, thym citron, romarin, pimprenelle, ail des ours, céleri vivace, sarriette vivace, origan, menthe, etc.

Les aromatiques donnent de la saveur à vos plats, sont bonnes pour la santé et permettent de soulager de nombreux petits maux. Elles attirent quantité d'insectes. Et, la beauté et la simplicité de leurs fleurs réjouissent l'œil du jardinier. Alors, pourquoi s'en priver ?

- Les Fruits : vous pouvez mettre des fraisiers, de la rhubarbe, mais également de petits arbres fruitiers comme des groseilliers, framboisiers ou myrtilliers et même des fruitiers nains ou colonnaires (fruits poussant sur une seule tige) : des pommiers, poiriers, cerisiers ou pruniers.

Si vous avez de la place, vous pouvez choisir ces mêmes arbres en basse tige (arbres de petite taille). Je vous recommande d'éviter les hautes-tiges, car lorsque l'arbre devient trop grand, une partie de la récolte est vraiment trop haute pour être récoltée. Il vous faudra parfois élaguer l'arbre pour éviter les problèmes de voisinage.

Si vous avez un grand terrain, ajoutez plutôt un noyer, un noisetier, un figuier ou une vigne.

- Les Fleurs : elles sont primordiales au jardin, car elles attirent les insectes pollinisateurs, indispensables pour que vos légumes et les fruits de certains arbres fruitiers poussent. Pour de nombreux légumes par exemple, pour la courgette, la plante porte sur un même pied des fleurs mâles et des fleurs femelles. Il faut que l'insecte butine la fleur mâle et ramasse en même temps un peu de pollen puis en allant butiner la fleur femelle, dépose le pollen mâle sur la fleur femelle pour que celle -ci soit fécondée et que la courgette puisse pousser.

De plus, certaines fleurs ont un effet protecteur pour certains types de plantation comme, par exemple, l'œillet d'Inde. Planté à côté des tomates, il éloigne les nématodes.

Il ne faut pas oublier que les fleurs sont importantes également pour la beauté du jardin. Et, même pour le goût, car il existe de nombreuses fleurs comestibles.

c) Semis direct ou semis puis repiquage ?

Quand vous plantez, vous avez le choix entre le semis direct, c'est-à-dire mettre directement la graine dans la terre ou le repiquage, c'est-à-dire transplanter dans la terre la plante qui a déjà poussé dans un pot, après semis.

Laquelle de ces deux techniques est la meilleure ?

Je serais tentée de répondre : ça dépend !
Certaines plantes ne se repiquent pas, à priori, comme les carottes, le panais, les pois, les fèves, les haricots ou les betteraves, quoique personnellement je repique les betteraves lorsque je les démarie (les grains de betterave comportent 2 à 4 graines à l'intérieur, je suis donc obligée d'éclaircir, c'est-à-dire que j'enlève une betterave sur deux, pour laisser de la place aux autres pour pousser.)

En fait, pour de nombreuses plantes, c'est surtout une question de choix personnel, en fonction de la place dont vous disposez. Si vous avez peu de place, il vaut mieux faire des semis en terrine ou godet et repiquer la plante lorsqu'il y aura de la place libre au jardin.

Certaines plantes demandent beaucoup de chaleur pour germer et dans ce cas, le semis en godet ou terrine, puis le repiquage en pleine terre, deviennent nécessaires, par exemple, pour les tomates, aubergines ou poivrons.

Le repiquage provoque un stress chez les plantes, mais comme elles ont eu le temps de pousser à l'abri de nombreux prédateurs ou maladies, elles sont donc en général plus grandes et plus fortes et supportent bien ce stress. Il ne leur faudra que quelques jours pour s'installer et s'adapter à la pleine terre.

En respectant les quelques règles que je viens d'énoncer, vous pourrez bien débuter votre jardin nourricier. Il ne vous reste plus qu'à vous y mettre !

Rassurez-vous, je ne vais pas vous laisser tomber. Il ne suffit pas de bien débuter, encore faut-il ne pas commettre d'erreurs quand tout est en place.

Le jardin demande une attention de tous les instants. Avec les astuces que je vais vous dévoiler maintenant, vous saurez comment pallier efficacement aux aléas qui peuvent se présenter.

2ème partie : En cours de route

Fraise de mon jardin

Malheureusement, il ne suffit pas d'avoir planté et d'attendre.

Vous devez aussi chercher les moyens de limiter au maximum les frais afin que la quête de l'autonomie ne se transforme en un gouffre financier. Dans les chapitres suivants, je vous indiquerai comment faire vos propres graines et multiplier les plantes, à moindre coût.

Je vous parlerai également des serres qui constituent, au final, un excellent investissement, puisqu'elles vous permettent de produire plus et plus longtemps.

Enfin, vous saurez tout sur les moyens de garder vos plantes en pleine forme, en combattant les maladies dont elles peuvent être victimes, en luttant contre les ravageurs et en utilisant au mieux les auxiliaires du jardinier.

Chapitre 1 : Produire ses graines

Comme vous le savez, les graines, surtout de bonne qualité (bio), valent très cher. Si, tous les ans, vous devez en racheter, vous engloutirez une fortune et votre jardin vous coûtera plus cher que l'achat de fruits et légumes en magasin.

Pour pallier cet inconvénient, il vous suffit de faire vos propres graines.

a) Pourquoi produire ses graines ?

Il est souvent plus avantageux de produire soi-même ses semences bios plutôt que d'acheter des graines tous les ans. Vous en aurez ainsi toujours sous la main.

Par ce geste, vous participerez également à la sauvegarde de variétés traditionnelles et à la protection de la diversité des semences.

Vous pourrez faire de nombreux et intéressants échanges avec d'autres jardiniers. Et, vous lutterez efficacement contre la mainmise des grands groupes semenciers sur la production et la commercialisation des semences.

Vous verrez, c'est très facile à réaliser et demande juste un peu de rigueur.

Vous ne pourrez produire vos propres semences qu'à condition, bien sûr, de ne pas utiliser au départ de graines F1, c'est-à-dire des graines modifiées, dont les caractéristiques génétiques ne sont pas stables.

Personnellement, j'utilise, à la base, des graines Kokopelli. Je n'ai donc pas ce problème et je peux très facilement en produire moi-même.

b) Comment faire ?

La production se fait en 4 étapes :

1) La récolte : pour certaines plantes, il faut tout d'abord laisser "monter à graines" quelques spécimens. Puis, choisir les plantes saines, sans maladies et récolter les gousses, les capsules, les cosses ou les épis les plus secs, renfermant les graines.

Pour d'autres fruits ou légumes, il faut choisir les plus mûrs renfermant les graines, les pépins ou les noyaux.

2) Le séchage : pour être sûre que les graines soient bien sèches, laissez-les sécher encore quelques jours dans la maison.

Puis, ouvrez les gousses, capsules, cosses ou épis et récupérez les graines.

Pour les graines et pépins des fruits et légumes mûrs, avant de les faire sécher, il faut les faire fermenter en les laissant à l'air libre dans un peu de leur jus. Lorsqu'une petite moisissure apparaît, il faut bien les rincer.
Après cette opération, on peut les faire sécher sur un papier essuie-tout.

Si vous voulez accélérer le séchage de vos graines, vous pouvez les passer une heure au déshydrateur ou au four à condition de ne pas dépasser les 40°.

3) La conservation : avant d'empaqueter les graines, il faut vérifier qu'elles sont totalement sèches. La moindre trace d'humidité peut entraîner l'apparition de moisissures ou de maladies qui détruiraient votre production de graines. Si vous avez un doute, laissez-les à nouveau sécher quelques jours.

Puis, il ne reste plus qu'à mettre les graines dans un sachet en papier (enveloppe, sac en papier kraft) que vous rangerez ensuite dans un contenant hermétique (comme, par exemple, des boîtes en plastiques d'une marque américaine très connue) ou directement dans un contenant hermétique. Moi, j'utilise d'anciens flacons de compléments alimentaires aux plantes.

4) L'étiquetage : n'oubliez pas ensuite d'étiqueter vos flacons, boîtes ou sachets en indiquant la variété et la date de production (compter 3 ans de conservation maximum pour une germination optimum).

Placez le tout, à l'abri de l'humidité et de la lumière. Et pensez, une ou deux fois dans l'année, à ouvrir vos boîtes pour vérifier que tout se passe bien.

Et voilà, vous avez produit vos propres graines pour zéro centime ! Economique, non ?

Voici d'autres techniques pour multiplier les plantes :

Chapitre 2 : Autres façons de multiplier les plantes

Il existe trois techniques principales : le marcottage, la division et le bouturage.

a) Le Marcottage

Pour le Larousse, le marcottage consiste « à provoquer le développement des racines sur une portion herbacée ou ligneuse de jeunes rameaux, puis à séparer ces derniers du pied d'origine afin d'en obtenir une nouvelle plante.»

Selon le type de plante que vous avez choisi de marcotter, plusieurs techniques peuvent être utilisées.

Je vous en propose 2 :

- Le marcottage par couchage : c'est le plus facile, à condition que la plante comporte des branches suffisamment souples pour être courbées.

Il suffit de griffer légèrement la terre, d'y ajouter un peu de compost (ou de bon terreau) puis de coucher la branche, de la recouvrir d'une fine couche de compost et de la maintenir dans cette position avec un poids (pierre ou rondin, mais attention à ne pas écraser la branche) ou à l'aide d'une tige métallique recourbée (genre cavalier ou piquet de tente).

- Le marcottage aérien : si vous ne pouvez pas plier la branche et l'amener jusqu'au sol, il faudra alors amener le sol jusqu'à la branche !

Pour cela, il faut débarrasser le morceau de branche choisi de ses feuilles, puis gratter l'écorce à cet endroit avec la lame d'un couteau.

Appliquez un peu d'accélérateurs de bouturage fait maison (à partir de petits morceaux de branches de saule ou de ronce, broyés mis quelques jours à macérer dans un peu d'eau, vous obtiendrez une substance un peu gélatineuse qui vous servira d'accélérateur) puis entourez la branche d'un genre d'emplâtre fait à base d'un mélange de compost et d'argile et emballez le tout dans du plastique.

Veillez à ce que l'ensemble reste humide, mais pas trop. Lorsque des racines apparaîtront, vous pourrez alors couper la branche. Cette technique est assez longue, car les racines mettent du temps à se développer.

Si la branche est assez solide, vous pouvez faire plus simple, en installant un pot de fleurs rempli d'un mélange de compost, de sable et de terre (1/3 de chaque) au niveau de la branche et en utilisant la technique du couchage.

b) La Division

Certaines plantes vivaces peuvent se multiplier par division de la souche. Cette opération n'est à réaliser que tous les 4 à 5 ans, pour éviter l'épuisement de la plante qui doit recréer de nouvelles racines et emmagasiner de nouvelles réserves.

Commencez par déterrer la souche principale, puis à l'aide d'une bêche bien tranchante, ou à la rigueur d'un bon couteau, divisez-la en deux. Si elle est très grosse, vous pouvez la diviser en 3 ou 4 morceaux contenant chacun de nombreuses racines.

Replantez immédiatement la souche principale à sa place et les éclats aux emplacements choisis, en tassant bien et en arrosant copieusement le tout.

c) Le Bouturage

Au potager ou au verger, vous pouvez faire des boutures, ce n'est pas réservé qu'aux fleurs.

Vous pouvez choisir de faire des boutures pour multiplier une plante, mais également (et c'est moins connu) pour réutiliser une partie d'une plante que vous coupez. Par exemple, lorsque vous coupez les gourmands de tomate (tiges latérales apparaissant à l'aisselle des feuilles) ou lorsque vous pincez vos poivrons (étêter le poivron diminue le nombre de fruits, mais augmente leur taille et fortifie la plante pour qu'elle supporte le poids des fruits), les parties enlevées peuvent servir de boutures.

Vos boutures seront également une source d'échanges avec d'autres jardiniers.

Car comme le dit Andrew Mikolajski, dans son livre « Boutures Magiques », « les bons jardiniers cherchent toujours à échanger des plantes, car la meilleure méthode pour conserver un végétal est d'en offrir une bouture à quelqu'un de passionné. Et si la plante meurt, on saura toujours à qui s'adresser pour la remplacer »[3]

---

[3] Andrew Mikolajski, *Boutures magiques*, éd. « Le Grand Livre du mois », 2005, p. 4.

Il existe 3 types de boutures : herbacées (tiges tendres), semi-ligneuses (tiges ayant un peu durci, mais encore souples) ou ligneuses (tiges dures, bois).

Deux périodes sont propices aux boutures :

- au printemps (vers la mi-mai et le début juin) pour tous types de boutures

- à l'automne, uniquement pour les boutures ligneuses (fin novembre : tout le monde connaît le dicton « A la Sainte-Catherine, tout bois prend racine »).

Les plantes aromatiques se bouturent très facilement.

Pour faciliter la reprise de vos boutures et accélérer l'enracinement, bannissez l'hormone de bouturage en poudre. Non seulement ce produit est un produit chimique de synthèse, mais c'est également excessivement cher.

Comme je vous l'ai déjà dit (pour le marcottage aérien), utilisez plutôt du saule ou de la ronce. Il suffit de couper en petits morceaux (en les écrasant un peu) une branche verte de saule ou de ronce et de mettre les morceaux dans un peu d'eau pour obtenir, au bout de quelques jours, un liquide un peu gélatineux qui remplacera avantageusement l'hormone de bouturage de synthèse.

Il vous suffira de tremper le bas de votre bouture dans le liquide.

Pensez à retailler votre bouture en supprimant une partie des feuilles pour limiter l'évaporation.

Dans quoi planter la bouture ?

De nombreux terreaux ou substrats peuvent être utilisés, en fonction du type de bouture, comme, par exemple, les terreaux spéciaux pour bouture, la fibre de coco, la tourbe compressée et même de la mousse de fleuriste imbibée d'eau.

Mais, ne prenez jamais de terre de jardin, car elle contient trop de micro-organismes. Voici ma recette principale : 1/3 de terreau ordinaire tamisé, 1/3 de fibre de coco et 1/3 de sable.

Il ne vous reste plus qu'à couvrir votre pot d'un sac plastique ou d'une bouteille coupée afin de créer une mini-serre. Les boutures s'enracinent mieux dans un milieu chaud et humide.

Et n'oubliez pas d'étiqueter votre pot. Si vous faites plusieurs boutures, vous ne vous souviendrez peut-être plus dans 2 à 3 mois, quand vos boutures auront repris, de quelles plantes il s'agit. Et vous croirez, comme cela m'est déjà arrivé (lorsque l'encre de mes étiquettes avait bavé), que vous repiquez des plants de millepertuis alors qu'il s'agissait de vulgaires troènes !

Vous savez comment produire vos graines et multiplier vos plantes, le tout gratuitement.

Parfois, il faut quand même savoir investir un peu d'argent (plus ou moins) dans du matériel qui vous aidera à obtenir plus facilement l'autonomie alimentaire. Une serre, un châssis, un tunnel ou un voile d'hivernage peuvent constituer un très bon investissement.

Chapitre 3 : Serre, châssis, tunnel

Pour que vos plantes poussent mieux, elles ont besoin de chaleur. Dans les régions plus froides, les serres, châssis, tunnels ou voiles d'hivernage peuvent reproduire un milieu favorable et prolonger la culture dans le temps.

a) La Serre

La culture sous serre permet de commencer plus tôt à jardiner et de faire durer les productions jusque la fin de l'automne, voire de cultiver certains légumes l'hiver.

La serre permet également, dans les régions plus froides, de cultiver des légumes destinés normalement aux régions chaudes. Elle permet même de faire des cultures l'hiver comme, par exemple, des salades, directement dans la terre de la serre ou dans des contenants (pots, caissettes).

Elle permet de faire ses semis en terrine ou en pot en prévision des repiquages du printemps.

Il existe deux types de matériaux pour les serres :

- le verre qui permet une meilleure luminosité, une conservation de la chaleur plus importante. Elle est plus esthétique.

- le polycarbonate qui est une matière plastique moins fragile et moins chère que le verre, mais qui jaunit facilement.

Charles Dowding, l'un des pionniers du jardinage biologique en Angleterre, estime que « le coût supplémentaire du verre par rapport au plastique est compensé par ses avantages : durabilité, luminosité, ventilation, conservation de la chaleur et esthétique meilleures. »[4]

Quel que soit le matériau choisi, préférez une serre avec un système d'aération intégrée.

Le manque d'aération sera une source d'ennuis. Non seulement les plantes risquent de griller en cas de températures trop élevées, mais le

---

[4] *Mon Potager produira tout l'hiver* de Charles Dowding, Editions La Plage 2012, p 195

confinement et l'humidité attireront des maladies comme le mildiou ou l'oïdium.

b) Le Châssis

Le châssis est un coffre en bois sur lequel on pose une vitre. Cet équipement est plutôt destiné aux petits jardins.

Il est pratique pour les semis.

En ajoutant du fumier de cheval au fond du châssis, vous bénéficierez d'un « chauffage ». Mais attention, lorsque le soleil est important pensez à aérer sinon vous grillerez vos semis.

c) Le Tunnel

Il est composé d'arceaux et d'une bâche plastique renforcée ou non. Plus abordable en matière de prix que les serres, le tunnel ne protège pas des gelées importantes et peut provoquer des phénomènes de surchauffe.

Dans un tunnel manquant d'aération, la chaleur à l'intérieur et l'humidité du sol peuvent réunir les conditions idéales pour le développement des maladies et champignons parasites comme, par exemple, le mildiou.

Mais, il permet d'obtenir des productions plus importantes de légumes dits « du soleil » dans les régions froides comme, par exemple, les aubergines, poivrons, melons, concombres, etc.

Il permet de cultiver des légumes primeurs et de protéger vos semis des dernières gelées de printemps.

Il protège également vos plantes du vent et de la pluie.
La bâche a une durée de vie de 5 à 7 ans.

Attention, pensez à enlever la neige qui reste dessus l'hiver. Son poids risque d'endommager la structure en arceaux. La neige empêche aussi la lumière de passer.

Ma serre-tunnel

d) Le Voile d'hivernage

Le voile d'hivernage en polypropylène permet de protéger vos cultures du froid tout en laissant passer l'air, l'eau et la lumière.

Il permet de gagner quelques degrés (3 à 5°, selon l'épaisseur) lorsque les températures sont encore un peu froides, au début du printemps et lorsque l'hiver approche.

Mais attention, il ne protège pas des grands froids.

Lorsque la pluie tombe dru, il freine son arrivée et évite le tassement et le lessivage du sol.

81

Il forme une barrière protectrice contre le vent, sans empêcher l'air de pénétrer à l'intérieur.

Il protège également des oiseaux et de certains insectes comme la mouche de la carotte ou du poireau.

Jean-Marie Lespinasse, (ancien chercheur à l'INRA), dans son jardin de La Brède (au sud de Bordeaux), utilise beaucoup ce type de voile.

Voilà, vos plantes sont en terre, elles sont bien au chaud, bien protégées. Mais, elles peuvent avoir quelques difficultés à pousser correctement.

Les purins et autres décoctions, infusions et macérations peuvent vous aider à les booster et à les soigner.

Chapitre 4 : Purin, décoction, infusion, macération

Les purins, décoctions, infusions et autres macérations sont tous des préparations à base d'extraits de plantes.

Ce type de préparation :

- est biodégradable

- ne pollue pas le sol

- n'agresse pas les plantes

- est facile à préparer et à utiliser

- est surtout très économique

Mais, ce n'est pas une raison pour faire n'importe quoi. Un certain nombre de règles sont à respecter pour réussir ces préparations et pour les utiliser.

Pour réussir vos « potions magiques », vous pouvez utiliser des plantes fraîches ou sèches. Cela n'a pas d'importance, seules les proportions seront différentes.

Il vous faut également de l'eau de pluie. Evitez surtout l'eau du robinet trop chargée en chlore et en calcaire, ou si vous ne pouvez pas faire autrement, laissez-la décanter dehors, dans un seau, plusieurs jours avant de l'utiliser.

a) Le Purin

Le purin est un extrait fermenté. Le plus connu est le purin d'ortie, mais vous pouvez réaliser de nombreux types de purins comme le purin de prêle, de lierre, de consoude, de lavande, etc.

Ce type de préparation demande à être surveillé régulièrement, car on peut vite passer du stade de la fermentation à celui de la putréfaction et, dans ce cas, la préparation est perdue et bonne à jeter.

Ne soyez pas surpris par les odeurs fortes dégagées par les purins, cela fait partie du processus (j'ai failli dire du plaisir) de fabrication. Le purin obtenu ne doit pas être utilisé pur, mais dilué.

Si vous voulez réaliser du purin et en particulier du purin d'ortie, vous trouverez ici deux vidéos que j'ai réalisées, qui vous expliqueront en détail comment procéder : http://ecolo-bio-nature.blogspot.fr/2011/04/comment-faire-du-purin-dorties.html

b) La Décoction

Elle s'obtient en faisant bouillir les plantes dans l'eau.

On laisse tout d'abord tremper les plantes (coupées en morceaux), pendant une journée dans de l'eau de pluie, puis on porte l'ensemble à ébullition.

On laisse bouillir pendant une trentaine de minutes, dans un récipient muni d'un couvercle puis on laisse refroidir (en laissant le couvercle) et enfin, on filtre.

La décoction ainsi obtenue doit être utilisée dans la journée ou au maximum dans les 2 jours suivant sa préparation.

c) L'Infusion

Si vous avez l'habitude de faire du thé ou des tisanes, vous connaissez le principe de l'infusion.

Il suffit de verser de l'eau frémissante sur les plantes coupées en morceaux, de mettre un couvercle et de laisser infuser jusqu'à ce que cela refroidisse, puis de filtrer la préparation.

Si possible, utilisez l'infusion dans la journée ou sinon vous pouvez la conserver 3 à 4 jours, à condition de l'entreposer dans votre réfrigérateur.

d) La Macération

A la différence de la décoction ou de l'infusion, la macération se pratique à froid. Elle consiste à faire tremper les plantes hachées menues dans de l'eau à température ambiante, pendant 24 heures, puis à filtrer.

C'est le même principe que le purin, mais la différence, c'est que le processus est stoppé au bout de 24 heures.

Comme le temps de trempage est court, il faut hacher les plantes finement pour leur permettre de libérer leurs principes actifs.

Mais, comme la plante n'a pas eu le temps d'en libérer beaucoup, il n'est donc pas nécessaire de diluer la macération. Il faut l'utiliser immédiatement.

Comme vous pouvez le constater les purins et autres macérations, infusions et décoctions sont faciles à réaliser et, surtout, ne vous coûtent rien !

Leur autre très grand avantage est qu'ils vous aideront, avec d'autres méthodes, à lutter contre les maladies et ravageurs dont peuvent être atteintes les plantes.

Chapitre 5 : Maladies et ravageurs

Vous avez de beaux fruits, de beaux légumes. Vos plantes poussent bien. Ne vous réjouissez pas trop vite, maladies et ravageurs peuvent anéantir en peu de temps vos plantations et réduire à néant vos récoltes !

Selon les types (très variés) de maladies ou de ravageurs présents dans votre jardin, les solutions seront multiples.

4 actions très simples, vous permettront déjà de « limiter les dégâts » :

- pratiquer la rotation des cultures

- mélanger les espèces et variétés

- ajouter des fleurs (comme les œillets d'Inde ou les soucis) et des aromatiques au milieu des autres plantes

- utiliser les purins, macérations, infusions et décoctions. Ils sont essentiels pour moi, qui refuse les traitements chimiques. Je vous invite d'ailleurs à acheter et consulter régulièrement le livre « Purin d'ortie et compagnie » de Bernard Bertrand (disponible ici :

http://www.amazon.fr/gp/product/2359810227/ref=as_li_ss_tl?ie=UTF8
&tag=abonnceedit-
21&linkCode=as2&camp=1642&creative=19458&creativeASIN=2359810
7)

C'est un outil indispensable dans lequel vous trouverez de nombreuses solutions à la plupart de vos problèmes au jardin.

Vos plantes peuvent être victimes de diverses maladies et ravageurs.

a) Les Maladies cryptogamiques

Ce sont les maladies transmises par un champignon.
Les plus connues sont la rouille, l'oïdium, la pourriture grise et surtout le mildiou.

Elles peuvent diminuer, voire totalement ruiner vos récoltes. Lorsqu'elles sont installées, il est difficile, voire impossible de les éradiquer, à moins d'utiliser des produits chimiques fortement toxiques.

Il vaut donc mieux surveiller vos plantes et utiliser des traitements doux, en prévention, comme les purins, décoctions, infusions et macérations. Grâce au Chapitre 4 de cette 2ème Partie, vous savez comment les faire.

Lorsque la maladie est installée, vous pouvez limiter sa propagation en coupant les parties atteintes ou en arrachant les pieds touchés, pour éviter la contamination, et en pulvérisant des solutions fortifiantes (toujours les fameux purins) pour permettre à la plante de tenter de résister.

- Contre la rouille, vous pouvez pulvériser du purin de prêle en prévention, mais également lorsque la plante est atteinte pour une action curative. La présence de la rouille ne détruira pas totalement la plante, mais la récolte sera peu abondante.

- Contre le mildiou, un mélange de purins de tanaisie, d'ortie et de prêle en prévention peut être efficace. Mais, malheureusement lorsque la maladie est là, il n'y a pas vraiment de traitement curatif. Toutefois, une pulvérisation de bicarbonate de soude (5g par litre d'eau) ou de décoction d'ail (10 têtes d'ail à faire bouillir dans 5 litres d'eau pendant 20 minutes, puis laisser refroidir et filtrer) peut stopper ou tout au moins ralentir l'avancée de la maladie.

Il faut supprimer les feuilles et branches touchées, et pour les tomates arracher les pieds les plus atteints. Sur votre vigne, par exemple, ou sur les pieds de tomate restants, vous pourrez continuer les pulvérisations pour ralentir la maladie.

Bien qu'elle soit autorisée en jardinage biologique, évitez d'utiliser de la bouillie bordelaise. Le cuivre contenu dans cette préparation luttera contre le mildiou, mais ensuite il migrera dans la terre et à la longue, la concentration de cuivre empoisonnera votre sol.

- L'oïdium, comme la rouille, diminuera la récolte, mais ne la détruira pas totalement, si vous prenez soin de couper les parties atteintes. Vous pouvez pulvériser du purin d'ortie et de prêle ou une infusion d'ail en prévention.

Lorsque la maladie est déclarée, ces mêmes pulvérisations, après suppression des parties malades, pourront ralentir la maladie. Certains ouvrages préconisent le lait en traitement curatif, mais j'avoue que les essais de ce « traitement » dans mon jardin n'ont donné aucun résultat.

- Contre la pourriture grise, la pulvérisation de macération d'ail pourra ralentir, voire stopper la maladie, à condition de traiter sans attendre, dès son apparition.

b) Les Ravageurs

Piéride du chou, altises, nématodes, mouche du poireau ou de la carotte, pucerons, chenilles, limaces et escargots : voici quelques-uns des nombreux ravageurs.

Malheureusement, il en existe encore beaucoup d'autres ! Mais ce n'est pas une raison pour utiliser des insecticides chimiques pour s'en débarrasser !

Comme je l'indiquerai dans le chapitre suivant, de nombreux insectes et animaux sont d'excellents auxiliaires contre les ravageurs. Leur présence vous sera très utile, mais leur nombre ne sera peut-être pas suffisant pour tout faire. Dans ce cas, le recours à d'autres méthodes, en complément, s'impose.

Contre les limaces et escargots, Sepp Holzer a une recette intéressante : il mélange des copeaux de bois très fin (et non traités évidemment) avec de la cendre de bois. Puis, il répand le tout autour des légumes « à risque » en formant une bordure d'un centimètre (à 1,5 cm) d'épaisseur. Et, il renouvelle la barrière après chaque pluie.

Cette excellente méthode est très efficace pour les limaces qui viennent sur vos plantations (à condition de penser à renouveler la barrière régulièrement), mais, pour celles déjà présentes dans la terre au moment du repiquage ou de la levée du semis, cela ne fonctionne pas.

Je l'utilise, mais, comme il pleut souvent dans ma région et que je ne suis pas assez rigoureuse dans le renouvellement des barrières, cela ne marche que quelque temps.

Un ramassage systématique des limaces et autres escargots, chaque soir et lors des repiquages, me permet néanmoins de limiter leur prolifération. Et lorsque dans certains coins du jardin, elles pullulent, j'abandonne la partie et pars planter mes légumes sensibles dans d'autres parcelles moins colonisées.

Il paraît que laisser les canards se promener le soir dans son jardin donne également de bons résultats. Emilia Hazelip (pionnière, en France, du jardinage sans labour) a utilisé cette technique pendant de nombreuses années. N'ayant pas de canards, j'ai essayé avec mes poules. Cela a une certaine efficacité, car les poules aiment les limaces, mais comportent un gros inconvénient : elles grattent le sol et ont tendance à retourner la terre en détruisant le semis ou les jeunes plantules présentes. Donc, au vu des dégâts, j'ai abandonné cette méthode. Si votre terrain vous permet d'adopter des canards, pourquoi pas ?

Je refuse l'utilisation de la bière, comme beaucoup de jardiniers, soi-disant confirmés et bios, préconisent. Certes, elle attire les limaces, mais aussi les carabes qui sont, comme nous le verrons dans le chapitre suivant, d'excellents auxiliaires du jardinier.

L'association de certaines variétés de légumes entre elles et le compagnonnage de légumes et de fleurs pourront perturber l'odorat de certains ravageurs qui iront pondre ailleurs.

Les œillets d'Inde, le tagète nématicide, le souci, en plus d'être très jolis sont efficaces contre les nématodes.

La pulvérisation de nombreux extraits de plantes, différents selon le type de ravageur, aura le même effet. Ce serait trop long de tous les lister ici.

Pour plus de détails sur les pulvérisations répulsives, je vous renvoie au livre « Purin d'ortie et compagnie » de Bernard Bertrand (disponible ici : http://www.amazon.fr/gp/product/2359810227/ref=as_li_ss_tl?ie=UTF8 &tag=abonnceedit-21&linkCode=as2&camp=1642&creative=19458&creativeASIN=2359810 227).

Dans certains cas, par exemple, pour la mouche du poireau et pour celle de la carotte, la pose d'un voile de protection en période de ponte pourra servir de barrière de protection.

Et, en désespoir de cause, il vaut mieux parfois abandonner un ou deux légumes à la voracité des ravageurs pour sauver le reste de la rangée.

Pendant qu'ils se délecteront des premiers pieds, les autres auront le temps de grandir suffisamment pour pouvoir se défendre ou tout au moins pouvoir supporter les attaques, tout en continuant à pousser correctement.

C'est en testant différentes méthodes que vous pourrez sélectionner celles qui sont les mieux adaptées à votre jardin.

Dans certains cas, vous pourrez compter sur les auxiliaires du jardin pour vous aider à protéger vos plantes.

Chapitre 6 : Les auxiliaires du jardinier

Lorsqu'on protège et encourage la biodiversité, la nature nous le rend bien.

De nombreuses « petites mains » viennent nous aider dans notre jardin. Non, il ne s'agit pas de trolles, de gnomes de petits elfes ou autres créatures de la forêt, mais d'insectes et animaux regroupés sous le terme d' « auxiliaires ».

a) Qui sont-ils ?

Il n'y a pas que les oiseaux qui sont des auxiliaires au jardin, de nombreux insectes ou petits mammifères jouent également ce rôle. Je vais vous en présenter quelques-uns :

- **la musaraigne** : petit mammifère insectivore ressemblant à une souris, mais avec un museau allongé. Très gourmande, la musaraigne mange chaque jour l'équivalent de son poids. C'est une alliée au jardin, car, en plus des vers de terre, elle se nourrit également d'escargots, de limaces ou de chenilles.

- **le carabe** : c'est un coléoptère. Je devrais plutôt vous parler des carabes (et non du carabe), car de nombreuses espèces différentes de carabes vivent dans nos jardins. C'est un formidable auxiliaire, car il se nourrit de limaces, d'escargots, de chenilles, de pucerons et de larves de taupin. Malheureusement, il est souvent maltraité par les jardiniers, qui pensant jardiner bio, mettent un récipient rempli de bière pour tuer les limaces. Non seulement, cette action, par l'odeur de la bière, attirera plus de limaces que celles présentes autour de l'endroit à protéger, mais également tuera des carabes qui, attirés par la présence de limaces dans la bière, voudront les manger et se noieront à leur tour.
Très sensibles à la pollution, ils ne sont malheureusement plus aussi nombreux dans les jardins.

- **le forficule** : ce nom ne vous dit peut-être rien, mais sachez qu'il est également appelé « perce-oreille » et là, je suis sûre que vous voyez de quel insecte il s'agit. Même s'il grignote un peu les légumes du potager ou les fruits du verger, c'est un insecte apprécié au jardin. Car il consomme surtout des colonies de pucerons et de psylles d'espèces diverses, des œufs de carpocapse, des chenilles tordeuses ou des cochenilles virgules.

- **la chrysope** : petit insecte d'allure délicate aux ailes translucides et au corps vert. Ne vous fiez pas à sa frêle apparence, c'est une fantastique amie du jardinier, car c'est une dangereuse prédatrice pour de nombreuses espèces de ravageurs. Moins connue que la coccinelle, elle est pourtant plus efficace. Les larves se délectent de pucerons et les adultes, à l'alimentation plus variée, se régalent de pucerons, mais aussi de psylles, d'acariens, de cochenilles ou de chenilles.

- **le hérisson** : vous aurez peut-être la chance d'accueillir ce gentil mammifère insectivore. Comme il se nourrit d'insectes, de limaces et d'escargots, sa présence au jardin est toujours un bienfait. Bien qu'il fasse partie des animaux protégés (par arrêté du 17 avril 1981, il est interdit de le chasser, le capturer, le tuer, le transporter ou le commercialiser), plus du tiers de sa population meurt chaque année victime de la circulation, des pesticides et autres insecticides.

- **l'orvet et le lézard** : l'orvet ressemble à un serpent, mais il fait pourtant partie de la famille des lézards. Ils se nourrissent tous deux de limaces, d'escargots, de chenilles, de vers de terre, de cloportes, d'araignées, d'insectes et sont donc des alliés précieux au jardin.

- **le crapaud et la grenouille** : le menu de ces batraciens est très diversifié. Ils consomment notamment des chenilles, des limaces, des coléoptères, des fourmis et quantité d'autres variétés d'insectes.

- **la chauve-souris** : de la famille des chiroptères, ce petit mammifère souffre injustement d'une mauvaise réputation. Même si elle a un appétit vorace, elle ne suce pas le sang (à part 2 sous-espèces, assez rares et qui ne vivent pas dans nos contrées heureusement) et se régale uniquement de quantité d'insectes comme, par exemple, les mouches, les moustiques, les papillons de nuit, les carpocapses ou les coléoptères. Quand on sait qu'elle peut engloutir jusqu'à 3 000 insectes par nuit, on comprend son utilité au jardin !

b) Comment les attirer ?

Vous pouvez attirer ces nombreux auxiliaires en leur proposant le gîte et le couvert.

La construction d'abris à insectes, de nichoirs, de pots de fleurs remplis de paille, de tas de pierres ou de bois et autres tanières, leur permettra de s'abriter et même, pour certaines espèces, d'hiberner. Si vous êtes un peu bricoleur, transformer votre jardin en refuge sera facile[5].

---

[5] Si vous recherchez de nombreux projets, faciles à réaliser, je vous recommande le livre de Derek Jones « Nichoirs pour oiseaux, abeilles et Bestioles », Editions de Saxe 2012

Nichoir-mangeoire

La plantation de haies champêtres, d'arbustes au feuillage persistant, la présence d'herbes hautes et la création d'une mare permettront également à certains d'entre eux de se loger et même de se reproduire.

Si vous n'avez pas de mare, la présence d'un ou plusieurs « bars ouverts 24h/24 » sous la forme de fontaines ou de récipients remplis d'eau, sera appréciée. Pour la nourriture, des fleurs attireront les pollinisateurs.

Certains insectes, comme, par exemple, la coccinelle ou le carabe se serviront directement en mangeant les insectes ravageurs qui vous causent

101

du souci. Les oiseaux n'auront besoin de nourriture que l'hiver, le reste du temps ils se serviront eux-mêmes. Ils mangeront quantité d'insectes, ce qui est parfait. Et, malheureusement, parfois, ils iront se servir également dans vos arbres fruitiers (cerises, groseilles), ce qui l'est moins.

Ne faites pas comme moi, évitez d'adopter une chatte semi-sauvage aimant chasser tout ce qui court et vole.

Lorsqu'elle décide d'ajouter à son menu une musaraigne, un crapaud ou un oisillon, difficile de lui faire entendre raison. Et même la présence, au quotidien, dans sa gamelle de mets raffinés ne la détourne pas de ce type de petite friandise.

Avec toutes les astuces que je viens de décrire, vos plantes se porteront à merveille. Vous n'aurez pas trop de perte (zéro perte, cela n'existe pas !).

Vous pourrez faire de somptueuses récoltes !

A moins d'être un très gros mangeur, je pense qu'il vous sera impossible de tout manger en une seule fois, dès la cueillette.

En plus, si vous désirez atteindre l'autonomie alimentaire et comme les plantes ne poussent pas (ou moins bien) l'hiver, vous allez être amené à conserver vos récoltes.

Voici comment je procède...

3ème partie : Conservation des récoltes

Pâtisson de mon jardin

Bien conserver ses récoltes va de pair avec l'autonomie alimentaire. Votre jardin ne pourra pas atteindre le titre prestigieux de « jardin nourricier » si vous ne mangez pas toutes vos récoltes et si vous ne faites pas des réserves pour les temps où le jardin n'est plus productif (entre la fin de l'automne et le début du printemps).

Divers modes de conservation existent :

- la terre ou le silo

- la cave ou la maison

- la congélation

- le séchage et la déshydratation

- la stérilisation

- et d'autres techniques

Vous avez l'embarras du choix. Voyez celles qui vous conviennent le mieux. A vous de choisir, en fonction du type de produit, celles qui sont les plus adaptées à votre cas.

Quelle que soit la méthode, soyez intraitable, ne conservez que des produits sains, non abîmés. Ceux abîmés, même très légèrement, doivent être consommés ou cuisinés rapidement.

Chapitre 1 : En terre ou en silo

La conservation en terre ou en silo est une méthode ancienne. Elle est efficace, à condition de procéder dans les règles de l'art.

a) En terre, sur place

Certaines variétés de légumes peuvent passer l'hiver en terre, sur place comme, par exemple, les poireaux, les rutabagas ou les panais. Pour ces différents légumes, il est recommandé de pailler le pied pour un arrachage plus facile en cas de gelée.

Pour le panais ou le rutabaga notamment, plus ils restent en terre, plus leur goût sucré se renforce. Certains choux comme le chou de Milan ou les choux de Bruxelles peuvent également rester en place, ils gèleront puis dégèleront en fonction des températures.

Plusieurs variétés de salade peuvent passer l'hiver dans le jardin, à condition de les recouvrir d'un voile d'hivernage comme, par exemple, la mâche ou le pourpier.

b) En silo

C'est un bon moyen de conserver les récoltes de légumes racines à l'extérieur, à condition que les gelées ne soient pas trop fortes.

Il faut également penser à les protéger des rongeurs, mulots, souris, rats, musaraignes, loirs, etc. Un simple tambour de machine à laver fait une bonne barrière. Mais, cette technique n'est valable que lorsque la récolte est peu abondante (il n'y a pas beaucoup de place dans le tambour) et si votre sol n'est pas trop humide, car il faudra l'enterrer.

La réalisation d'un silo est assez simple, il suffit de mettre de la paille sur le sol, de poser une couche de légumes puis de recouvrir de paille, puis de remettre une couche de légumes, puis une couche de paille, etc. , tout en formant un genre de pyramide. Cette forme permet à l'eau de s'écouler.

Lorsque tous vos légumes sont installés, ajoutez à nouveau une bonne couche de paille. Puis, recouvrez le tout de terre en laissant un peu de paille dépasser en haut et en bas pour l'aération.

Ajoutez un petit chapeau, en terre cuite (ex. : vieille tuile, pot de fleurs, morceau de brique, etc.) sur la paille du dessus pour la protéger de la pluie, mais sans bloquer l'aération. Il ne vous reste plus qu'à creuser une petite rigole tout autour pour éviter à l'eau de stagner en surface lorsqu'elle s'écoule. Voilà, votre silo est réalisé.

Pour prendre des légumes, il vous suffira d'écarter un peu de terre et de paille. Pensez à bien refermer le silo après chaque retrait et profitez-en pour vérifier l'état des légumes avoisinants.

Si vous n'avez pas très envie l'hiver de vous rendre dans votre jardin, sous la pluie et le froid, pour récolter vos légumes, vous pouvez les conserver chez vous.

Chapitre 2 : En cave ou à la maison

Une bonne cave est un bien rare et précieux. Faute de mieux, la maison peut constituer un lieu de conservation pour certains fruits et légumes.

a) En cave

Si vous avez la chance de disposer d'une cave fraîche, hors gel, vous pourrez y entreposer une partie de vos récoltes.

Les légumes racines, comme, par exemple, les carottes, les radis d'hiver, les navets, les panais ou les betteraves peuvent se conserver dans du sable.

Pour cela, mettez dans un grand bac (ex. : une lessiveuse ou une poubelle) une couche de sable, puis posez une couche de légumes (non lavés, mais dont on a ôté les feuilles), en évitant que les racines ne se touchent, puis mettez à nouveau une couche de sable, puis une couche de légumes, etc., et finissez par une couche de sable.

Surveillez fréquemment l'évolution et enlevez immédiatement tout légume abîmé.

Les pommes de terre se conservent à l'abri de la lumière, par exemple, dans un carton ou un cageot recouvert de papier journal. Surveillez-les et dégermez-les régulièrement

Les fruits comme les pommes, les poires peuvent se conserver quelques temps, posés sur des claies si la cave est bien ventilée. Si vous retournez chaque pomme une fois par mois, elles se conserveront plus longtemps. Triez régulièrement et enlevez tout fruit commençant à se gâter.

L'ail et l'oignon peuvent se conserver en tresses suspendus dans un endroit bien ventilé.

b) A la maison

Une partie de vos récoltes peut être conservée à la maison, dans une pièce affichant au minimum 15 °.

Les courges, courgettes, potirons se conserveront suspendus dans des filets accrochés en l'air ou à la rigueur sur des étagères. Mais dans ce cas, il faudra souvent les tourner, pour éviter qu'elles ne moisissent.

Les grappes de raisin, si elles comportent encore un morceau de sarment, peuvent se conserver, en trempant une extrémité du sarment dans un vase (ou verre), contenant un petit morceau de charbon de bois et rempli d'eau.

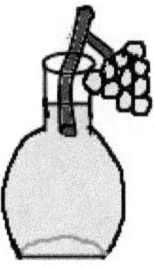

conservation du raisin

Les tomates peuvent finir de mûrir si vous les installez dans votre maison, dans un cageot recouvert de papier journal.

Comme vous le voyez, tous les fruits et légumes ne se conservent pas ou difficilement à la maison. Pour éviter les risquent de pourrissement, vous pouvez opter pour la congélation.

Chapitre 3 : Congélation

De nombreux produits se congèlent très bien, notamment les fruits.

La congélation permet de stopper l'activité des microbes, bactéries et enzymes. Si vous congelez des fruits ou légumes en excellent état, vous retrouverez des fruits ou légumes en excellent état, ayant conservé leur valeur nutritive et leur goût.

Si vous congelez des fruits ou légumes flétris ou récoltés il y a plusieurs jours, lors de la décongélation, vous retrouverez des produits ayant perdu toute saveur et toute valeur nutritive.

Pour garder tous leurs vitamines et nutriments, préparez-les rapidement, juste au moment de les congeler. Même chose lors de la décongélation, utilisez-les et consommez-les rapidement, ainsi ils conserveront un maximum de bienfaits.

Ne décongelez jamais vos produits à température ambiante, mais mettez-les au réfrigérateur. Ou, si c'est possible, cuisinez-les encore congelés.

Pour que les légumes gardent toute leur vitamine C et leur couleur, il est recommandé de les blanchir rapidement avant de les congeler. Pour ce faire, plongez-les rapidement (2 à 3 minutes maximum) d'abord dans de l'eau bouillante puis, dans de l'eau glacée. Egouttez-les et congelez-les immédiatement après ce traitement.

Pour les fruits s'oxydant rapidement, comme la pomme par exemple, vous pouvez les protéger en vaporisant dessus du jus de citron.

Pour éviter que les petits fruits (groseille, framboise, mûre, cassis) forment un bloc à la congélation, étalez-les, en une seule couche, sur une plaque que vous installerez dans le congélateur. Puis, quand les fruits seront congelés, vous pourrez alors les transférer dans des sacs de congélation.

Pour éviter que les fruits ne s'oxydent, vous pouvez les mettre dans un saladier, puis verser dessus du jus de citron, mélanger et saupoudrer le tout de sucre et mélanger à nouveau. Vous pouvez alors les transférer dans le sac plastique. Le sucre et le citron éviteront l'oxydation. Vous pouvez également plonger vos fruits dans un sirop de sucre avant de les congeler.

Chasser l'air du sachet et fermer immédiatement permet également de diminuer les risques d'oxydation du produit, quel qu'il soit.

116

Il vous est possible de transformer vos fruits et légumes avant de les congeler. Vous pouvez, par exemple, réaliser des soupes, des ratatouilles, des purées, des compotes ou des jus et les congeler.

Ne remplissez pas vos contenants jusqu'au bord. En se transformant en glace, le produit augmente de volume.

Congelez plutôt de petites portions. Non seulement elles congèleront plus vite, mais elles seront plus rapides à décongeler. D'autre part, les produits décongelés se conservant moins longtemps, en préférant les petites quantités, vous ne risquez pas de gaspiller.

Notez le nom du produit et surtout la date sur vos sachets ou récipients et consommez-les dans l'année. Ne recongelez jamais un produit qui a été décongelé.

J'utilise souvent la congélation. Mais, depuis que j'ai découvert la déshydratation, je ne peux plus m'en passer.

Chapitre 4 : Séchage et déshydratation

Le séchage et la déshydratation consistent à enlever (partiellement ou totalement) l'humidité contenue dans les légumes ou les fruits. Ces méthodes leur évitent de moisir.

a) Le séchage

Le séchage est nécessaire si vous désirez conserver convenablement, à la maison, vos noix, vos noisettes, vos amandes, vos haricots, vos échalotes, vos oignons ou votre maïs. Si ces derniers sont encore humides, ils moisiront à coup sûr et vous n'aurez plus qu'à les jeter !

Quand je ramasse mes noix et mes noisettes, je prends toujours le soin de les sécher à l'extérieur quand il y a du soleil ou à l'intérieur près de mon feu. Un radiateur fait également l'affaire.

Pour les oignons et les échalotes, je les suspends dans ma serre. Comme la cueillette a lieu quand le temps est encore beau (normalement), ils sèchent rapidement.

119

Pour les haricots secs, je les suspends également dans la serre, avant de les écosser. Puis, une fois écossés, je les laisse 24 h au congélateur pour tuer les insectes qui pourraient être à l'intérieur. Puis, je les fais à nouveau sécher sur du papier absorbant, près d'une fenêtre ou dans un endroit bien ventilé, en les remuant régulièrement. Une fois sec, je les transfère dans un (ou plusieurs) sac en papier kraft dans lequel je verse une grosse poignée de grains de riz (pour absorber toute humidité résiduelle). Sac que je place ensuite dans un bocal hermétiquement fermé, sur lequel je colle une étiquette où figurent la variété et la date de la récolte.

Après, plus de problème, vous pourrez conserver vos différents produits séchés pendant 1 an, voire plus.

b) La déshydratation

La déshydratation est un excellent moyen de conserver les aliments.

Elle peut se faire dans un appareil qui fonctionne grâce au soleil ou dans un appareil électrique. Je dispose des deux systèmes à la maison, mais je trouve que l'électrique est plus fiable, puisque je ne suis pas tributaire du temps qu'il fasse et qu'il est plus facile de gérer la température de séchage.

Grâce à la déshydratation, vous pouvez conserver vos fruits (cerises, pommes, poires…), vos légumes (courgettes, betteraves, carottes, herbes aromatiques…) ou des préparations comme des coulis, des compotes, des pâtes de fruits, des yaourts ou des fleurs. Vous pouvez également fabriquer des barres de céréales, des biscuits ou des galettes.

La déshydratation a plusieurs avantages :

- elle permet de conserver aux aliments toutes leurs propriétés nutritionnelles, d'augmenter leur goût en concentrant leurs saveurs.
Cette dernière particularité est logique puisque la déshydratation consiste à éliminer l'eau (sans saveur) des aliments pour ne conserver que leur saveur réelle.

- les aliments déshydratés prennent moins de place et se conservent longtemps, car ils sont dépourvus de leur eau, ce qui diminue leur volume.
Il suffit de les mettre dans un endroit sec, sombre, à l'abri de l'air et de la lumière. Une armoire fera l'affaire. Personnellement, je les mets dans des bocaux fermés hermétiquement. Cela me permet de conserver certains aliments déshydratés pendant plusieurs années.

- les aliments déshydratés vous facilitent la vie. Quand vous en avez besoin, il vous suffit d'en prendre une poignée, par exemple, et de les réhydrater dans de l'eau, dans du thé (pour les fruits), dans un jus de fruits, à la vapeur ou directement dans le plat que vous êtes en train de préparer. Pas la peine de les éplucher ou de les émincer. Ils retrouvent leur forme d'origine et surtout conservent tous leurs saveurs et nutriments. Attention, en se réhydratant, vos aliments vont prendre du volume – ils retrouvent en fait leur volume d'origine – donc, veillez à ne pas en mettre trop pour ne pas vous retrouver avec un plat contenant trop de carottes ou de courgettes. Ne les faites pas réhydrater dans trop de liquide, leurs nutriments s'y noieraient.

Comment déshydrater un aliment ?

Coupez vos aliments en fines tranches et installez-les sur les plateaux grillagés de votre appareil ou étalez-les sur une feuille téflon pour les préparations liquides. Veillez à ce que les tranches ou les morceaux ne se chevauchent pas, sinon ils auront plus de mal à se déshydrater.

Vous pouvez aussi déshydrater des aliments cuits comme les grains de maïs.

Après, vous n'avez plus qu'à programmer la déshydratation. Le temps est plus ou moins long suivant les aliments, suivant leur taille, leur degré d'hydrométrie, leur état de mûrissement…

Mes tomates et courgettes déshydratées

Bon, j'avoue, la déshydratation prend beaucoup de temps : cela peut aller d' 1 heure pour le persil à plus de 24 heures pour des grosses prunes coupées en deux. Il faut le savoir. En plus, si vous utilisez un appareil électrique, la ventilation fait du bruit.

Malgré ces défauts, je ne peux plus me passer de la déshydratation ! Essayez et vous serez vite accro.

Maintenant, voici une méthode qu'utilisaient beaucoup nos grand-mères et que j'utilise aussi : la stérilisation.

Chapitre 5 : Stérilisation

La stérilisation consiste à mettre vos produits dans des bocaux (spécifiquement réservés à cet usage) qui seront plongés dans un récipient (grande marmite à hauts rebords) contenant de l'eau chauffée à plus de 100°, pendant une durée déterminée.

Evidemment, à cette température, les bactéries ont disparu, mais, malheureusement, les vitamines aussi. Toutefois, ce mode de conservation est très pratique, car elle apporte du jus. Il suffit de combiner un bocal de cerises stérilisées avec des fruits déshydratés par exemple, pour faire une bonne salade de fruits.

Pour que votre stérilisation soit réussie, faites très attention à l'hygiène et à l'état des bocaux. Vérifiez qu'ils n'ont pas d'éclats dans le couvercle ni de fente dans le corps du bocal. Lavez-les et rincez-les à l'eau très chaude, et faites-les sécher retournés sur un torchon propre. Changez la rondelle de caoutchouc servant à l'étanchéité, à chaque utilisation, afin d'éviter qu'elle soit poreuse. Faites-la bouillir avant utilisation pour la stériliser et en faciliter la pose.

Vous pouvez acheter d'occasion un stérilisateur et des bocaux. On en trouve régulièrement dans les marchés aux puces, vides greniers, petites annonces et chez Emaüs. Vérifiez bien l'état des bocaux avant l'achat. Si le couvercle est ébréché ou le bocal fendu, l'air pourra pénétrer à l'intérieur et les bactéries gâteront votre produit. Quant au stérilisateur, achetez-le si possible avec son thermomètre. Si toutefois il n'en a plus, c'est une pièce que l'on peut trouver facilement et acheter seul.

Si vous n'avez pas de stérilisateur, une grande cocotte-minute peut faire l'affaire, mais il faut bien bloquer les bocaux à l'intérieur avec un torchon et diviser le temps de stérilisation recommandé (en fonction du produit) par 2. Surtout, laissez la cocotte refroidir complètement avant de l'ouvrir pour éviter que les bocaux ne subissent un choc thermique et cassent.

Munissez-vous aussi d'un instrument qui est pour moi indispensable : une clé à couvercle (petit ustensile en forme de T, muni d'une fente). Elle permet de tirer facilement sur la languette de caoutchouc provoquant l'arrivée d'air et permettant l'ouverture du bocal.

Un autre ustensile peut être utile bien que non indispensable, c'est une pince à bocaux. Elle sert à retirer les bocaux du stérilisateur sans se brûler lorsque l'eau est encore chaude. Personnellement, je n'en utilise pas, car je laisse toujours l'eau tiédir, voire refroidir totalement, avant de retirer mes conserves.

Conservez vos bocaux pleins dans un endroit sec et à l'abri de la lumière.

Pensez également à indiquer la date de réalisation sur vos bocaux avant de les ranger.

Mes bocaux

D'autres techniques de conservation existent. Elles sont plus ou moins faciles à réussir. Elles vous permettront de varier les plaisirs si vous avez une récolte vraiment abondante.

Chapitre 6 : D'autres techniques

Dans ce chapitre, je vais vous présenter des préparations plus élaborées, « cuisinées », qui vous permettront de conserver vos aliments : la lactofermentation, les chutneys ou pickels, les confitures, gelées et marmelades et, enfin, les fruits confits et pâtes de fruits.

a) La lactofermentation

Cette technique de conservation, qui sert notamment pour la choucroute, est difficile à réussir.

Elle consiste à couper les légumes finement, en lamelles ou petits morceaux, à les mettre dans un pot en les tassant bien, à ajouter du sel (et un peu d'eau, s'il n'y a pas beaucoup de jus) et à fermer le tout.

L'acidité (PH proche de 4) produite par la lactofermentation empêche le développement des bactéries. Les produits lactofermentés se conservent donc de nombreux mois, en cave.

La transformation d'une partie des sucres des légumes en acide lactique ne se passe pas toujours bien, en fonction de la température ambiante ou de la teneur en sucre ou en eau des produits. C'est pour cette raison que cette technique est assez difficile à réaliser.

Mais, ce procédé de conservation est excellent pour la santé. Comme le dit, Serge Fitz, dans son livre « Energétique Alimentaire », « la lactofermentation enrichit l'aliment… Les protéines et vitamines sont mieux conservées, l'aliment est enrichi par la lactofermentation, par les micro-organismes qui synthétisent des éléments vitaux. Ce mode de conservation assure une protection contre les micro-organismes pathogènes grâce à l'acidification du milieu… Les aliments lactofermentés sont donc une excellente source de vitamines, surtout en hiver lorsque les légumes frais deviennent rares. »[6]

Même si la choucroute est le plus connu des aliments lactofermentés, de nombreux autres légumes peuvent être conservés de cette façon. Comme, par exemple, les concombres, les cornichons, les betteraves, les carottes, les navets, les céleris-raves, les oignons et évidemment toutes les variétés de choux (chou blanc, chou rouge, chou frisé, chou-rave, chou-fleur, etc.)

---

[6] Serge Fitz, *Energétique alimentaire*, Editions Lanore 2006, pp. 89 et 90.

b) Pickles et chutneys

Les pickles sont de petits fruits ou légumes macérés dans du vinaigre et accompagnés d'herbes ou graines aromatiques. Le vinaigre empêche la formation des micro-organismes responsables du pourrissement et permet donc une conservation longue.

Le chutney est réalisé à base de fruits ou de légumes ou même de fruits et de légumes, de sucre et d'épices, cuits dans du vinaigre. Ce mode de conservation, à l'aigre-douce, servant surtout à réaliser des sauces ou des confits, est un mariage entre le pickle et la confiture. Il se conserve de la même façon que les confitures.

Vous pensez n'avoir jamais goûté de chutney ? Pourtant, vous en connaissez un très célèbre et il est fort possible que vous en ayez mangé sans le savoir.

C'est le cas si vous consommez du ketchup, car c'est à la base une recette de chutney.

c) Confitures, marmelades, gelées

Les confitures, tendres souvenirs d'enfance pour nombre d'entre nous, sont un moyen de conservation par la cuisson de fruits ou de jus dans du sucre. Le mot « confiture » dérive du mot « confit » qui signifie « conserver ».

Cette méthode est très ancienne, puisque le chef d'office de fruiterie du roi disposait déjà en 1700, d'un Traité lui enseignant la manière de bien les réaliser.

Pour réussir votre confiture, pour qu'elle prenne bien et se conserve bien, il faut des fruits bien mûrs, de la pectine, assez de sucre et un temps de cuisson suffisant.

La pectine permet d'extraire et d'emprisonner l'eau des fruits. Votre confiture ne doit plus contenir d'eau en fin de cuisson. C'est l'eau, qui contient les éléments pathogènes, qui empêchent une bonne conservation.

La pectine est présente dans tous les fruits. Il n'est donc pas nécessaire d'en rajouter !

Si votre confiture ne prend pas, c'est que vous n'avez pas laissé le temps à la pectine de jouer son rôle. En prolongeant la cuisson de votre confiture, à feu doux, elle sera bien prise.

Certains fruits contiennent un peu moins de pectine comme les mûres, les poires, les pêches, les cerises et la rhubarbe. Dans ce cas-là, pas de panique. Vous pouvez les mélanger avec des fruits qui en contiennent suffisamment (comme la groseille) ou ajouter dans votre préparation une gaze remplie de pépins et de pelures de pommes pas encore mûres.

Pour le sucre, vous devez en mettre suffisamment pour éviter une cuisson trop longue, qui ferait perdre tous leurs goûts à vos fruits.

Pour une confiture encore plus facile à réaliser, utilisez du jus de citron. Il empêche l'oxydation des fruits, il permet au sucre de cristalliser et aux fruits peu acides de prendre mieux. Pour les fruits acides, il est préférable de cuire votre jus de citron dans le sucre avant d'ajouter les fruits.

Le temps et la température de cuisson de votre confiture sont très importants. Il faut la cuire à feu doux, longuement, pour éviter que le sucre ne se transforme en caramel et pour que l'eau s'évapore totalement. Pour que l'évaporation soit à son maximum, utilisez une bassine à large bord.

Pour vérifier la bonne cuisson de votre confiture, pour voir si elle est bien prise, faites le test classique : mettez une goutte de confiture sur une assiette très froide. Si la goutte fige, c'est bon ! Vous n'avez plus qu'à vous régaler !

Pour les gelées, c'est un peu le même principe que pour la confiture sauf que vous cuisez le jus des fruits avec le sucre. Il est préférable d'utiliser un extracteur de jus plutôt que de cuire vos fruits avant et de les presser.

Votre gelée aura alors le réel goût des fruits.

La marmelade, depuis une directive européenne de 1979, concerne uniquement les agrumes. Avant cette date, elle désignait des purées de fruits, sucrées ou non. Ce qui différencie la marmelade et la confiture, c'est le fruit. Il est encore entier dans la confiture et en purée dans la marmelade.

Bien entendu, chez vous, vous pouvez faire de la marmelade avec tous les fruits.

Vous les lavez et les coupez. Vous les mettez dans une bassine avec du sucre et de l'eau. Vous laissez cuire à feu très doux jusqu'à ce que les fruits deviennent de la purée. Avant de mettre votre marmelade dans un bocal, vous devez la passer à travers un tamis.

d) Fruits confits, pâte de fruits

Les fruits confits sont un bon mode de conservation, mais ils demandent du temps.

Une fois vos fruits cuits, vous devez les laisser macérer à plusieurs reprises dans un sirop chaud composé d'eau et de sucre. A chaque bain, vous récupérez le sirop, vous y ajoutez du sucre, vous le chauffez et vous le versez sur vos fruits. Vous procédez ainsi pendant 5 jours.

Le 6ème jour, vous récupérez à nouveau votre sirop, vous le faites bouillir, mais en y ajoutant les fruits, moins de 5 minutes. Vous laissez le tout reposer pendant 2 jours et vous faites rebouillir l'ensemble une seconde fois.

Enfin, dernière opération : vous laissez vos fruits dans votre sirop reposer pendant 2 semaines dans un endroit frais.

Quant à la pâte de fruits, c'est tout simplement une purée de fruits sucrée qui est séchée.

Pour la réaliser, vous devez cuire des fruits, jusqu'à l'obtention d'une purée. Puis, vous ajoutez son équivalent en sucre et vous laissez réduire le tout. Enfin, vous versez cette préparation dans un plat en porcelaine et vous laissez sécher le tout. Si vous avez un déshydrateur, cela ira plus vite.

Puis, vous la coupez en morceaux et la roulez dans du sucre. Une pâte de fruits correctement réalisée peut se conserver 1 an.

A vous de choisir les méthodes de conservation qui vous conviennent le mieux.

Elles sont plus ou moins simples, plus ou moins rapides et plus ou moins efficaces.

En tout cas, elles vous permettront de vous régaler de votre propre production à tout moment !

Conclusion

Avant d'atteindre l'autonomie alimentaire, le chemin peut être plus ou moins long.

Avec tous les conseils, issus de mon expérience, que vous venez de lire, vous gagnerez inévitablement du temps, en évitant de commettre les erreurs du débutant.

En outre, vous ferez de sacrées économies, élément intéressant en temps de crise.

Enfin, élément qui me paraît, à moi, primordial, vous préserverez votre capital santé.

Quoi de mieux pour votre santé que de consommer de bons produits ?

N'oubliez pas non plus que le jardinage est un excellent moyen de faire du sport et que c'est bon pour le moral.

D'ici quelques années, votre jardin nourricier fera votre fierté et celle de toute votre famille.

Les photos, images et croquis sont la propriété de l'auteur.

Bibliographie

- Ross et Jenny Mars, Premiers Pas en Permaculture, Editions Passerelle Eco, 2012.

- Serge Fitz, Energétique alimentaire, Editions Lanore, 2006.

- Jean-Marie Lespinasse, Le jardin naturel, Editions du Rouergue, 2009.

- Charles Dowding, Mon Potager produira tout l'hiver, Editions La Plage, 2012.

- Derek Jones, Nichoirs pour oiseaux, abeilles et bestioles, Les Editions de Saxe, 2012.

- Yvo Perez Barreto, L'homme qui parle avec les plantes, Editions Clair de Terre, 1998.

- Baptiste Rose Charmeux, La Culture du chasselas à Thomery, Editions Victor Masson, 1863.

- Andrew Mikolajski, Boutures magiques, Le Grand Livre du mois, 2005.

- Dominique Soltner, Guide du nouveau jardinage sans travail du sol, sur couvertures et compost végétaux, Collection Sciences et techniques Agricoles, 2010.

- Margit Rush, Jardiner autrement, Editions Ouest-France, 2011.

- Bernard Bertrand, Jean-Paul Collaert, Eric Petiot, Purin d'ortie et compagnie, Editions de Terran, 2003.

- Bill Mollisson et David Holmgren, Perma-culture, Tome 1, Editions Debard, 1986.

- Bill Mollisson, Perma-culture, Tome 2, Editions Equilibres d'aujourd'hui, 1993.

- Jacques Vallin, Catherine de Silguy, Confidences d'un maître jardinier, 80 années de jardinage naturel et ludique, Editions Terre Vivante, 2009.

- Sepp Holzer, La Permaculture de Sepp Holzer, Editions Imagine un colibri, 2011.

Filmographie

- Emilia Hazelip, Le jardin d'Emilia Hazelip, film visionnable sur Dailymotion : http://www.dailymotion.com/playlist/xmabg_BioBee_le-jardin-d-emilia-hazelip/1#video=x5l3hf

A propos de l'auteur

Isabelle Brunet, auteur-rédacteur-web, est passionnée de jardinage, d'écologie, de développement durable et de nature.

A 3 ans, elle suivait déjà son grand-père au jardin avec sa brouette en plastique et son mini arrosoir et a toujours jardiné depuis.

Elle est Guide Composteur.

Toujours désireuse de se former et de s'informer, elle a suivi avec succès en 2014 le MOOC Développement Durable proposé par l'Ecole Centrale de Paris et le MOOC Ville durable : être acteur du changement proposé par l'Université Montpellier 2.

Retrouvez de nombreux autres conseils de jardinage sur son site Ecolo-bio-nature : http://www.ecolo-bio-nature.com

www.ingramcontent.com/pod-product-compliance
Lightning Source LLC
Chambersburg PA
CBHW071405280526
45787CB00001B/439